Steve

Steve est entrepreneur et formateur, entraîneur de l'équipe nationale française de lecture rapide. Rien ne prédestinait pourtant cet ancien commando militaire, passionné d'écriture et de rap, à devenir une référence mondiale dans les domaines du coaching, de la communication et du business. Ce qu'il partage avec ses lecteurs est le fruit de son parcours hors du commun. *Karma-sutra – Transforme-toi, tu transformeras ton histoire* (2021) ainsi que son dernier livre *Karmageddon* (2022) ont paru aux Éditions First.

Karma-Sutra

ÉVOLUTION

Des livres pour vous faciliter la vie !

Maire KONDO
La Magie du rangement

Lise BOURBEAU
Les 5 blessures qui empêchent d'être soi-même

Ali REBEIHI et Christilla PELLÉ-DOUËL
La Puissance des liens

Bessel VAN DER KOLK
Le corps n'oublie rien

Maurice BARTHÉLÉMY et Charlotte WILS
Fort comme un hypersensible

Fabrice MIDAL
50 méditation pour mieux s'aimer

Christophe BOURGOIS-COSTANTINI
Les Secrets de vos 10 intelligences pour redonner du sens à votre vie

Fabrice MIDAL
Suis-je hypersensible ?

Amandine HANCEWICZ et Manuela SPINELLI
Éduquer sans préjugés

Pema CHÖDRÖN
Entrer en amitié avec soi-même

STEVE
Karma-sutra – Transforme-toi, tu transformeras ton histoire

Steve

Karma-sutra

Transforme-toi,
tu transformeras ton histoire

FIRST
ÉDITIONS

ISBN : 978-2-266-32429-8
Dépôt légal : avril 2022

Le mot « karma » est utilisé dans ce livre en tant que « terme universel » : c'est le destin, la loi d'attraction, le *mektoub* ou quoi que ce soit d'autre qui vous convienne. Derrière ce vocable, vous pouvez mettre ce que vous souhaitez, de sacré ou de profane, tant que ça vous parle !

Ce livre s'inspire d'une histoire vraie.
Cependant, certains personnages ont été inventés
et certains événements romancés.

SOMMAIRE

AVANT-PROPOS

Karma-sutra est né un soir d'été. Il est né d'une blague, d'un défi lancé lors d'une de mes nombreuses soirées faites de discussions entre amis dégustant un thé à la menthe face à la Méditerranée, tard, entre deux méditations métaphysiques. « Tu pourrais écrire un livre pour partager tous ces pépins transformés en pépites ! » me dit un ami. J'accueille cette idée et laisse passer la nuit. Au petit matin, je sors un stylo et une feuille pour programmer mon subconscient. Je me pose, sans rien attendre si ce n'est du plaisir. Voilà qu'un titre surgit : *Karma-sutra*.

— La honte ! Pas toi, quand même ! Imagine le *bad buzz* ! me lance-t-on.

— Merci d'avoir partagé vos croyances avec moi !

Imperturbable, j'annonce alors que je vais écrire le livre en cinq jours, qu'il se vendra à 10 000 exemplaires sans maison d'édition, ni *featuring* et sera numéro un sur Amazon. Promesse tenue. Les résultats ont dépassé mes espérances ainsi que les frontières : la Russie, l'Espagne, les États-Unis démandent une traduction.

L'essai s'est transformé en concept. C'est en reprenant la plume, en revenant à mes premières amours, celles pour l'écriture, que je suis devenu écrivain. J'ai retrouvé cette fougue, cette envie de partager avec vous, lecteurs, ce qui me fait vibrer, avancer, construire… vivre.

Pour cette nouvelle version, je me suis livré à un exercice difficile : transformer le plomb en or et faire d'un essai une œuvre. J'ai retravaillé ce qui existait déjà et créé ainsi ce livre, tout en respectant sa première version mais en la sublimant, afin que chacun y trouve sa part de lumière, celle qui le fera vibrer, avancer, construire… « sur-vivre ».

by STEVE®

PROLOGUE

Il reste quelques centaines de mètres à parcourir je crois, je n'arrive plus à me rendre compte… On perd tous ses repères en mer, il ne faut plus penser en termes de distance mais en termes de temps passé à nager. Des milliers de spectateurs et la presse nous attendent là-bas. Ils semblent tellement minuscules, si loin…

Plusieurs bateaux suivent notre progression, nous surveillent, nous ravitaillent et nous encouragent. J'ai encore froid. J'ai eu froid dès le début. Mon corps s'est engourdi et les grelottements n'ont cessé qu'à force d'efforts incessants. Le seul repère, c'est l'objectif à atteindre, il faut rester concentré sur ça, s'acclimater à l'eau froide, ne pas y penser, nager encore et encore. Mes épaules me font mal, je ne sens plus mes jambes. Je suis une machine, j'avance. Quand je pense que j'avais peur de nager quand j'étais gamin… Mon corps est minuscule dans cette immensité, les vagues pourraient me submerger, m'emporter… « Tu peux le faire ! C'est possible ! Nage, Steve, nage ! Tout cela n'est qu'une simple montagne que tu dois franchir, rien de plus ! »

Je sais que je ne suis pas seul. Nous sommes des centaines et mon équipe est la première équipe française à participer. Je suis avec eux. Ils sont avec moi. Nous nous sommes préparés. Nous irons jusqu'au bout ! Les doutes disparaissent. Le mouvement de mes bras est vite devenu automatique. L'arrivée est proche. Je commence à entendre les encouragements du public. Je retrouve mes forces. Je prends appui sur les vagues. J'évite de penser à la fatigue et à la douleur. Plus que quelques minutes encore, quelques dizaines de mètres je pense… Et si j'avais une crampe ? Si je n'y arrivais pas ? Je vais m'évanouir… « Steve, ne te rendors pas ! Ce sont des croyances, juste des croyances. Tu as décidé que tu allais le faire ! Baisse la tête et nage ! » Ne pas y penser, nager encore et encore, garder l'objectif en vue.

J'aperçois plus distinctement les spectateurs qui agitent les bras, hurlent leurs encouragements. Leur énergie me transporte. Encore quelques mètres… C'est à peine croyable : j'y suis ! Mon corps est le premier surpris et lâche au moment où mes pieds touchent enfin le sable, la terre ferme. Je titube. Impossible de me mettre debout. Je tombe à genoux sur la plage et je suffoque, mes mains tremblent en agrippant le sable. Soudain, une violente nausée s'empare de moi, quelques spasmes me secouent et voilà que je vomis tout ce que je peux devant la presse, les caméras. L'acidité se mêle au goût de l'eau salée qui a asséché ma bouche… Des gens me parlent, je distingue juste le mouvement de leurs lèvres, je n'entends rien. Ils ont l'air fiers de moi. Je crois apercevoir des membres de mon équipe juste à côté. Ma vue est brouillée. Je suis encore dans ma bulle, mes oreilles bourdonnent, mon cœur frappe comme un dingue à la porte de ma poitrine. Je n'arrive même pas à articuler un mot. Je vais exploser. Il faut que je me concentre sur mon souffle… « Inspire, reprends tes esprits, Steve, expire, tout va bien, tu es arrivé… »

Je grelotte, on m'enveloppe dans une couverture, j'entends des rires, des cris de joie autour de moi. Peu à peu, mes jambes semblent reprendre vie. Je me redresse, je suis debout, encore un peu fragile mais debout.

Trois mecs de mon équipe me prennent dans leurs bras, quelques larmes coulent sur cette plage symbole de mémoire, sur l'île de Gorée. Je réalise enfin ce que l'on vient d'accomplir : « J'ai fait Dakar-Gorée ! On a fait Dakar-Gorée ! » Les autres membres de l'équipe nous rejoignent : « On est bons ! On l'a fait ! » Oui, on l'a fait. Une fois de plus, on a surmonté nos peurs, nos doutes, nos terreurs et nos croyances. Oui, une fois de plus… Nous ne sommes pas ce que vous avez décidé que nous soyons, nous sommes ce que nous avons choisi d'être.

Laissez-moi vous raconter comment tout cela a commencé…

CHAPITRE 1

LA STRATÉGIE DU MASQUE À OXYGÈNE

Un village paumé au milieu des montagnes en Afghanistan, au petit matin. On est en plein hiver. Il neige et le soleil vient à peine de se lever. Le paysage est recouvert de blanc. C'est calme, c'est apaisant. Les bêtes sont à l'étable, les gens restent au chaud, on entend juste le chant de quelques oiseaux affamés.

C'est là que mon escadron de la mort débarque.

Il nous faut cette balise ennemie et on nous a donné des ordres : rien ni personne ne doit entraver notre mission. Si les villageois s'interposent, il faudra les tuer tous : hommes, femmes et enfants. Il se pourrait que deux ou trois d'entre eux possèdent des explosifs. Et même un explosif artisanal, je peux te dire que ça t'arrache une jambe ou une tête sans problème. Nous sommes douze. Il en faut au moins deux de saufs pour récupérer la balise, la mettre en lieu sûr puis la ramener au camp de base.

Les villageois nous ont repérés. Les hostilités commencent. En quelques minutes, le silence cède la place à un boucan de tous les diables. Un rouge visqueux tache le blanc immaculé. Les tirs se multiplient, ça pète dans tous les sens. Les villageois se sont dispersés. On est encerclés. Une partie de l'escadron doit couvrir l'autre partie pour qu'elle traverse le village et atteigne le versant de la montagne où la balise est cachée. On a tout préparé mais, en face, les gens du village ne nous laisseront pas passer. Ça tire de plus en plus. Le bruit des détonations se mêle aux hurlements des blessés. Un de mes potes prend une balle dans l'œil, la moitié de son cerveau part avec et s'écrase sur l'uniforme du type derrière lui. Je n'ai même pas le temps de vomir ou de crier. On tire en continu pour essayer d'abattre ceux qui tiennent les armes et nous canardent. Au passage, je tue une mère et son mioche. La mère tenait une arme et tentait de s'enfuir. Elle s'apprêtait à flinguer un de mes potes. Je lui ai tiré dans le dos, elle s'est effondrée, la tête la première dans la neige. Je découvre avec horreur que je viens de buter son gosse. Elle tenait le gamin dans ses bras, la balle les a traversés tous les deux. Ils baignent dans leur sang.

On tue sans réfléchir. L'adrénaline a pris le dessus. On entend des cris de tous les côtés. C'est compliqué d'y voir clair dans ce bordel. Derrière moi, mes potes tentent d'avancer à couvert mais ils progressent trop lentement. Une brèche se forme dans notre ligne de défense : la moitié de notre escadron est blessée. Deux mecs sont déjà morts. Nous réorganisons nos rangs pour remplir les trous et atteindre notre objectif.

L'essentiel, c'est la balise. Un pote et moi devons nous y coller. On n'a pas choisi. On nous a désignés pour cette mission bien avant le début du massacre. Alors on rampe comme des malades vers la montagne, le plus vite possible. Nos carcasses pleines de terre et de sang creusent de gros sillons rougeâtres dans la neige. On progresse, mais les villageois ont appelé du renfort et des types avec des grenades à fragmentation se mêlent au combat. La ligne de défense est sérieusement touchée. À ce moment-là, une grenade tombe à dix centimètres du visage de mon pote devant moi. Le choc le soulève dans les airs, au ralenti, puis il retombe comme une poupée de chiffon, le ventre arraché, les boyaux à l'air. Il hurle de douleur et de terreur. Je sais, je ne devrais même pas me retourner, et tracer jusqu'à la balise sans me poser de questions. Mais je ne peux pas le laisser comme ça. C'est mon ami. Je l'attrape par les bras et le tire dans la neige pour arriver jusqu'à un abri. Fatale erreur : je ne vois pas le mec sur ma gauche. Je n'ai même pas fait quinze mètres quand une balle perfore mon cou. Le goût métallique du sang envahit ma bouche.

Game over.

*

Il est 5 heures du mat' et il fait encore nuit. Tous les escadrons de la caserne se sont rassemblés dans l'amphithéâtre. Des types bâillaient encore, et les voilà les yeux écarquillés et les sens en alerte. Le commandant est arrivé dans la salle en claquant la porte puis l'a fermée à clé, ce qui ne nous a pas rassurés. Il a croisé les bras lentement et, en silence, a commencé à faire les cent pas sur l'estrade. Après deux ou trois longues minutes, il a ouvert la bouche pour faire le bilan de l'opération-désastre où l'on aurait tous perdu la vie. Ce n'était qu'un exercice. Pour lui, ça ne fait aucune différence. Pour nous non plus, d'ailleurs. Tous les moyens ont été déployés afin que les conditions soient aussi proches de la réalité que possible. Il ne doit pas faire plus de huit degrés dans la salle. Le commandant est en tee-shirt. Chaque parcelle de son corps laisse deviner des muscles saillants, jusqu'à son visage aux traits tendus, creusé par les rides, marqué par un effort constant. Ses bras noueux sont recouverts de tatouages. Sur son avant-bras droit, plusieurs prénoms, ceux des hommes qu'il a perdus. Debout devant nous, il nous regarde un par un : « Vous entendez ce silence ? dit-il. Dans la guerre, il n'y a rien de pire que le silence. Le silence, ça veut dire que vous êtes tous morts. »

Tout le monde se tait. D'ailleurs, quand ce commandant parle, on n'entend jamais aucun bruit. Ce type-là, je me suis battu pour me retrouver dans son escadron. À l'époque, pour moi, c'est le meilleur, une sorte de maître de guerre. Un savant mélange entre Marc Aurèle, Gengis Khan et Mike Horn. Un type qui grimpe une montagne en deux heures et la redescend en trente minutes en sifflotant. Qui peut rester une semaine en mission dans un trou en pleine montagne, à manger des rats et à boire l'eau de pluie, avant de redescendre aussi frais et dispos que s'il sortait d'une cure thermale. Alors, quand il nous réveille comme ça à 5 heures du matin pour faire le bilan de l'exercice d'hier, c'est plus un avertissement qu'un divertissement.

« Qui a déjà pris l'avion ici ? Levez la main ! » dit-il enfin. La moitié de la salle s'exécute. L'autre se demande probablement où il veut en venir. « Alors, pour tout le monde : quand vous prenez l'avion, juste avant le décollage, une hôtesse de l'air vous présente les consignes de sécurité en cas de problème pendant le vol. On vous explique qu'en cas de dépressurisation, les masques à oxygène tomberont automatiquement devant vous. Si ça arrive, il vous est demandé de placer votre masque correctement sur votre visage puis d'aider les personnes autour de vous à mettre le leur. On vous explique clairement que si vous voyagez avec un enfant, vous devez d'abord mettre votre masque avant de lui mettre le sien… »

On observe le commandant en silence. La peur se diffuse aussi rapidement dans nos veines que le venin du mamba noir. On se souvient tous de la dernière fois où il nous a enfermés dans une pièce de quinze mètres carrés. On était une dizaine. Il nous a balancé une grenade lacrymogène et un seul masque à oxygène avant de fermer la porte à clé. Ma gorge et mes yeux s'en souviennent encore…

Comme s'il lisait dans nos pensées, le commandant ajoute : « Vous vous souvenez quand vous étiez enfermés comme des rats de laboratoire dans une pièce remplie de gaz lacrymogène ? Un peu plus et vous auriez fini par vous entre-tuer comme des cons pour mettre le masque à oxygène. Résultat, c'est seulement quand je l'ai décidé que vous êtes sortis, les yeux défoncés et la gorge en vrac. Si vous aviez été plus malins, un seul d'entre vous aurait mis le masque. En cinq secondes, il aurait défoncé la porte et aidé les autres à sortir de là. »

Ce speech du commandant, je m'en souviens encore. Il m'avait mis une gifle à l'époque, et il me paraît toujours d'actualité. Certaines personnes viennent me voir pendant mes formations et me demandent : « Comment est-ce que je peux aider les autres ? J'aimerais me rendre utile ! » Il suffit que je creuse cinq minutes pour comprendre que la personne squatte le canapé d'un pote, est célibataire, au RSA et bosse de temps en temps au black pour combler son découvert. Et pourtant, la première question qu'elle me pose, c'est : « Comment est-ce que je peux aider les autres ? » C'est là que je me réfère à la stratégie du masque à oxygène : parfois, ce que tu ne fais pas a tout autant d'impact sur ton futur que ce que tu fais.

RÈGLE KARMA N° 1

Ce que tu ne fais pas a autant d'impact sur ton futur que ce que tu fais.

Un jour où j'étais dans l'avion avec ma femme, elle m'a dit : « C'est complètement dingue, ces consignes ! Si je voyage avec le petit et qu'il arrive un truc comme ça, je vais le sauver d'abord, et je mettrai mon masque ensuite. » Je lui ai répondu : « Ouais, super idée, chérie, c'est le meilleur moyen pour que vous mouriez tous les deux. Il faut mettre le masque en premier : si tu ne le fais pas, il te reste quinze secondes avant de t'évanouir. »

Si elle s'évanouit avant d'avoir pu mettre son masque, quand bien même elle aurait eu le temps de mettre celui de notre enfant, elle ne serait plus d'aucune utilité pour le protéger et le sauver. Ni l'un ni l'autre ne s'en sortirait vivant. C'est la même chose dans un village en Afghanistan, au Kosovo, ou dans votre cité pourrie. Si vous voulez jouer les héros sans penser à votre vie en priorité, tout ce que vous allez réussir à faire, c'est crever en laissant l'autre dans sa merde. La chose la plus importante, c'est de ne pas perdre de vue la chose la plus importante.

RÈGLE KARMA N° 2

**La chose la plus importante,
c'est de garder la chose la plus importante
comme la chose la plus importante.**

J'ai longtemps confondu égoïsme, amour-propre, orgueil, narcissisme et égocentrisme. Ces termes ont un point de départ : l'ego, le « moi », l'intérêt pour sa propre personne. Comme le disait la romancière Christiane Singer lors d'une émission pour la télévision suisse : « Tant que nous ne sommes pas en amour avec nous-mêmes, nous sommes une fréquentation dangereuse pour les autres puisque nous cherchons sans cesse la compensation à travers l'autre[1]. » Autrement dit, aimez-vous avant tout, c'est seulement ainsi que vous serez en bonne relation avec vous-même et que vous serez juste dans votre relation aux autres. Dans un certain contexte, ne pas être égoïste,

1. Christiane Singer, *La Transmission de l'essentiel*, émission « Racines » du 13 mai 2005 sur la télévision suisse TSR.

ne pas penser d'abord à soi, c'est faire preuve de « non-assistance à personne en danger ». L'égoïsme ne doit pas être confondu avec l'égocentrisme. L'égocentrisme est une attitude narcissique. La personne entre alors en relation sans se soucier de l'autre. Son principal objectif est de satisfaire ses intérêts. L'égoïsme accompagne l'estime de soi, il n'est pas destructeur et peut donc coexister avec l'altruisme. Être égoïste, c'est savoir s'accorder des périodes rien qu'à soi pour recharger ses batteries, se former, s'instruire, se construire, se transformer.

RÈGLE KARMA N° 3

Tant que tu n'es pas en amour avec toi-même, tu es une fréquentation dangereuse pour les autres.

Certaines personnes souhaitent bâtir un empire, qu'il soit financier, humanitaire, entrepreneurial… L'égoïste a compris qu'il doit construire son empire intérieur avant de construire son empire extérieur. Pour ce faire, il n'a pas peur de dire non aux autres. Quand il ressent non et qu'il dit non, il lutte contre la confusion et il clarifie sa vie. Ceux qui donnent doivent apprendre à poser des limites car, parfois, ceux qui prennent n'ont aucune limite.

RÈGLE KARMA N° 4

Ceux qui donnent doivent apprendre à poser des limites car, parfois, ceux qui prennent n'ont aucune limite.

Apprendre à se respecter, à penser à soi, à croire en soi passe par un travail sur nos croyances limitantes, celles qui peuvent nous empêcher de nous réaliser. Intégrer de nouvelles habitudes et de nouveaux conditionnements positifs transformera votre vie !

*

C'est dans les commandos que j'ai compris la puissance et l'importance de la programmation mentale pour sauver ma peau dans des conditions extrêmes. Afin que chacun puisse modéliser ce processus, je vous propose la métaphore suivante : possédez-vous un ordinateur ? S'il fonctionne moins bien que le jour de son achat, pensez-vous qu'il soit possible qu'il ait été affecté par un virus ? Maintenant, demandez-vous si vous avez lu toutes les notices fournies avec cet ordinateur. Dernière question : avez-vous installé un ou plusieurs logiciels sur cet ordinateur ? Nos cerveaux sont des ordinateurs hyper-puissants et, tout comme eux, ils peuvent être affectés par un ou plusieurs virus qui peuvent les ralentir. À notre naissance, une notice d'utilisation n'a pas été donnée à nos parents pour leur apprendre le fonctionnement du cerveau, la façon de nous faire progresser, de nous motiver. Les virus qui contaminent notre cerveau sont, entre autres, les croyances limitantes. C'est simple, imaginez que vous êtes en face d'un objectif et que vous vous dites : « Je n'y arriverai jamais ! » Cette phrase est semblable à l'injection d'un virus informatique dans notre cerveau. C'est la même chose lorsque quelqu'un vous dit : « C'est impossible ! Ça n'arrive qu'aux autres », c'est aussi un virus informatique. La bonne nouvelle, c'est qu'il existe des méthodes pour transformer ces croyances limitantes en croyances aidantes et rendre ainsi un virus inoffensif.

Première méthode : la reformulation positive interpersonnelle

Par exemple, si une personne vous dit : « C'est impossible ! Ça n'arrive qu'aux autres », vous allez reformuler positivement en disant : « Si d'autres l'ont fait, je peux le faire. » Vous venez de transformer le virus en antidote.

Deuxième méthode : la reformulation positive intrapersonnelle

Parfois, on s'injecte seul les pires virus. Il est donc tout aussi important de reformuler ce que votre langage interne vient vous chuchoter à l'oreille. Par exemple, après avoir raté quelque chose, au lieu de vous dire : « J'ai été bête ! Pourquoi je n'ai pas fait ceci ou cela… ? », vous pourriez transformer le virus en antidote en reformulant ainsi : « J'aurais dû mieux utiliser mon potentiel et mon intelligence. »

Troisième méthode : installer un antivirus

Il existe des logiciels, des outils et autres boosteurs d'excellence pour apprendre à mieux se connaître et à connaître l'autre. Il est également possible d'installer ces logiciels et ces applications dans votre cerveau. Je vous propose d'installer ensemble un logiciel afin de changer complètement votre programmation mentale en quelques secondes. Je vous propose une expérience. Regardez autour de vous et trouvez en quinze secondes le plus d'objets de couleur bleue possible. C'est parti ! À présent, fermez les yeux et comptez le nombre d'objets trouvés. C'est bon ? Une fois que vous avez ce nombre, fermez les yeux à nouveau et dites, à haute voix, combien d'objets orange se trouvent dans la pièce… Alors ? Bien que vous ayez observé la pièce en détail, vous ne pourrez certainement pas. Que s'est-il passé ? C'est simple, je viens de programmer votre cerveau pour qu'il effectue une opération. L'opération était de ne voir que du bleu, en faisant abstraction du reste. Et si vous ne pouvez pas voir d'objet orange, c'est parce que vous n'étiez pas programmé pour cette opération.

Dans la vie, c'est la même chose, si vous avez été infecté par des virus, que ce soit par votre famille, vos amis ou à l'école, qui vous disaient sans cesse : « Tu ne peux pas ! », « Tu n'as pas les capacités pour ! », vous allez être programmé par des causes (internes ou externes) pour faire abstraction du positif (dans notre exemple, la couleur orange dans la pièce) parce qu'on vous a programmé négativement, c'est-à-dire que vous aurez beau chercher du positif, votre cerveau, en mode autosabotage, n'est pas programmé pour le voir. Il est donc important pour votre évolution personnelle de prendre la décision suivante, ici et maintenant : pour le reste de ma vie, je prends le contrôle de mon ordinateur de bord. Cela se fait juste en posant une intention en soi, comme une graine, avec la confiance absolue qu'elle va germer. De temps en temps revenez juste l'arroser en vous répétant : « [Votre prénom], ne te rendors pas… »

RÈGLE KARMA N° 5

Ne te rendors pas !

Quatrième méthode : l'élimination de la négation

Si je vous demande de ne surtout pas imaginer Mickey, le soleil, un dinosaure ou une pomme, vous les imaginerez certainement. Je vous ai dit de ne pas le faire, pourtant les images apparaissent spontanément dans votre cerveau. Émile Coué, auteur de la méthode du même nom, disait : « Quand il y a lutte entre l'imagination et la volonté, c'est toujours l'imagination qui l'emporte sans aucune exception. » Pour votre enfant, c'est pareil. Si vous lui dites : « Ne pose pas ton verre ici ! », il est fort probable qu'il refasse toujours la même erreur car le problème vient de vous. Vous lui avez dit ce qu'il ne devait pas faire, vous ne lui avez pas dit ce qu'il devait faire. Il est important de reformuler positivement vos objectifs. Commencer un objectif par « Je ne veux pas… » ou « Je ne veux plus » ou encore « Je veux arrêter… » est un anti-objectif. Il faut donc reprogrammer votre cerveau, créer un nouveau chemin neuronal pour ne retenir que le positif et habituer votre cerveau à ce nouveau fonctionnement. Pensez solution plutôt que problème. Il est donc capital de parler aux autres et à soi en disant ce qu'on veut et non pas ce qu'on ne veut plus. Exemple : on ne se dit pas « Je veux arrêter de fumer », c'est un anti-objectif. Demandez-vous comment vous voulez vous sentir. Libre ? Eh bien dans ce cas dites « Je veux me sentir libre, en meilleure santé, respirant à pleins poumons », par exemple.

Cinquième méthode : l'acte et la personne

Quand vous parlez à une personne ou que vous vous adressez à vous-même, ne jugez pas la personne, jugez ses actes : les deux doivent être dissociés. Au lieu de dire « Tu n'es pas intelligent » car on juge alors l'ensemble de la personne, son être, on peut dire par exemple « Aujourd'hui [le contexte], en faisant cela [l'acte], tu aurais pu être plus intelligent [mot positif et valorisant pour l'autre] ». Si un enfant fait une bêtise, pour lui ce n'en est pas une, c'est un essai. En éliminant tous ces petits mots négatifs et en les remplaçant par du positif, vous changez votre regard sur les autres et, par conséquent, sur votre réalité.

Un jour, pendant l'une de mes formations en lecture rapide, une mère m'a confié son enfant. Elle me l'a présenté ainsi : « Il est un peu bête, je crois. Il fonctionne au ralenti, alors ne faites pas attention à ses réactions, c'est normal. Il ne comprend pas grand-chose. » Je me suis alors posé avant de commencer la formation et me suis programmé : « Steve, ne te rendors pas… Quant à cet enfant, il est différent, comme les génies, c'en est peut-être un, imagine que tu as devant toi un Michel-Ange, un Léonard de Vinci. Apporte-lui le meilleur de toi-même, cet enfant changera peut-être la face du monde un jour. » J'ai pris du temps pour lui comme s'il était exceptionnel. C'est devenu la mascotte de la classe. En fin de journée, j'ai fait un test afin d'identifier celui qui avait le plus augmenté sa vitesse de lecture. Cet enfant a explosé tous les résultats connus au cours de ma carrière : il est passé de 132 mots par minute (ce qui est très lent) à 1 000 mots par minute (ce qui est la vitesse des lecteurs les plus rapides au monde). Je n'avais jamais vu ça auparavant. J'ai pris les résultats et je les ai apportés à sa mère, qui m'a dit :

— J'y crois pas ! C'est fou !

— Madame, observez ce que vous venez de dire : « J'y crois pas », et comprenez bien que si vous ne croyez pas en votre enfant, comment lui pourrait-il croire en lui… ? Lorsqu'on croit en lui seulement huit heures durant, voilà les résultats. Alors imaginez ce que donnerait le fait de croire en lui et en son potentiel de manière inconditionnelle. Dites-vous que chaque enfant est un joyau qui n'a pas encore été taillé, c'est un génie et la mission d'un parent est simplement de l'accompagner à découvrir en quoi c'est un génie. Parfois, comme dans mon cas, cela peut prendre trente ans. Et, par expérience, je peux vous dire qu'il n'y a rien de plus difficile que de changer de comportements si on ne change pas en même temps les niveaux de pensée qui génèrent ces comportements néfastes.

RÈGLE KARMA N° 6

Tu es un joyau qui n'a pas encore été taillé.

Le film *La vie est belle* est un sublime exemple de programmation mentale. Roberto Benigni raconte l'histoire de Guido, de la femme qu'il aime et de leur fils Giosué, tous envoyés dans les camps de concentration. Guido invente toutes sortes de stratagèmes pour faire croire à son fils que cela n'est qu'un jeu à la fin duquel il pourra gagner un véritable char. Guido transfigure la réalité, il tourne les difficultés de la vie à son propre avantage en faisant cet exercice mental de « connotation positive ». C'est également une forme de reprogrammation mentale : Guido transforme des événements pourtant dramatiques, il décide de les voir autrement et utilise l'humour, une connotation positive, pour transfigurer la réalité, la rendre plus vivable. La séquence du magasin interdit aux Juifs est un bon exemple. À la question de son fils : « Pourquoi les Juifs et les chiens ne peuvent pas entrer, papa ? », Guido répond que chacun fait ce qu'il veut. Dans une certaine quincaillerie ne sont pas admis les Espagnols et les chevaux tout comme dans une pharmacie ne le sont pas les Chinois et les kangourous. Ainsi, Guido aussi compte interdire l'entrée dans sa librairie à ceux qui sont antipathiques à Giosué – les araignées – et à lui-même – les Wisigoths.

J'ai utilisé ces outils de programmation mentale lorsque je me suis retrouvé en pleine montagne, au fond d'un trou de cinq mètres de profondeur que j'avais creusé au début de l'exercice. Vous connaissez le principe ? Pour les commandos alpins, les attaques ont souvent lieu en montagne. On nous dépose à quelques kilomètres de la zone d'attaque. Chacun creuse un trou dans lequel il reviendra s'abriter après l'opération, en attendant qu'on vienne le sortir de là. On doit se déplacer lentement pour éviter les pièges et les mines, souvent la nuit. Après l'attaque, chaque mec saute dans son trou et se fait recouvrir par les autres. Le dernier se démerde tout seul pour se recouvrir de cinq mètres de neige. Quand l'ennemi nous recherche, il ne se doute pas qu'on est là, juste sous ses pieds, attendant qu'on vienne nous récupérer. Les chutes de neige ont effacé toute trace de notre passage. Je me suis retrouvé dans ce trou avec ma petite ration d'eau et de nourriture et aucun moyen de communication avec l'extérieur, sauf un émetteur-récepteur collé à ma peau, le signal à envoyer pour que le reste de l'escadron me repère. Je n'avais plus aucune notion du temps, je ne voyais plus la lumière du jour. Tout mon corps était ankylosé. De toute façon, je ne pouvais pas changer de position vu que le trou était juste assez large pour moi. Dans les moments où j'étais physiquement épuisé, je respirais profondément et choisissais ce sur quoi focaliser mon mental. J'avais pris le livre de Masutatsu Ōyama, *La Voie Kyokushin* et je le lisais à la lueur de ma lampe torche. Ōyama a créé un art martial : le karaté Kyokushin. Pendant près de deux ans, il s'est entraîné seul aux monts Minobu et Kiyozumi, s'imposant une discipline de fer : douze heures d'entraînement par jour, tous les jours, soit environ dix mille heures d'entraînement intensif. Il cassait des pierres à mains nues et méditait sous des chutes d'eau glacée afin de se forger un mental et un corps en acier. Son histoire a inspiré le film *Fighter in the Wind* réalisé par Yang Yun-Ho. Lorsqu'il est face à un obstacle, Ōyama le personnifie et s'adresse à lui comme s'il était vivant en lui disant sans haine ni agressivité, juste avec une pointe d'assertivité : « Tu n'es qu'une simple montagne que je dois franchir. »

RÈGLE KARMA N° 7

Un obstacle n'est qu'une simple montagne qu'il faut franchir, rien de plus.

Au fond de ce trou, comme lui, je parle à cette épreuve, face à moi, je la personnifie : « Tu n'es qu'une simple montagne que je dois franchir, rien de plus. » L'épreuve me répond : « Tu ne me franchis pas, tu te franchis toi. » Je la remercie : « Merci à toi de faire de moi qui je veux être », tu « es preuve » que je suis sur le bon chemin. Elle me sourit, puis s'évapore. Ma lampe torche s'éteint…

Je suis resté cinq jours dans ce trou avant qu'on vienne me chercher, dont deux jours dans le noir le plus total.

RÈGLE KARMA N° 8

Tu ne franchis pas une épreuve, tu te franchis toi.

*

Bien avant de me retrouver au fond d'un trou en pleine montagne, j'ai été un enfant solitaire, un peu geek, passionné de comics, fan des revues sur les super-héros : *Strange* et *Titans*. Allongé à plat ventre sur la moquette verte toute boulochée de ma chambre, je pensais à ces super-héros et j'avais le sentiment que c'était quand même un peu de la triche. Chacun avait un super-pouvoir, un don inné qui lui permettait d'accomplir des actes extraordinaires sans craindre la mort, la souffrance ou la peur. Et je me disais que si j'étais né avec ce genre de pouvoir, j'aurais pu en faire autant qu'eux, et même plus encore ! Je trouve que c'est de la triche d'être un super-héros avec un super-pouvoir. Même Superman le dit ! Enfin, non… Pardon, même l'acteur qui a joué Superman pendant des années nous dit que : « Un héros est un individu ordinaire qui trouve la force de persévérer et de résister malgré des obstacles accablants. »

Le vrai super-héros, c'est le type qui n'a pas de pouvoir, c'est le *loser* qui a de la ténacité, qui se bat et monte les marches, même s'il doit les monter en rampant. Superman ne connaît rien aux arts de combat. Je défie quiconque de me citer un seul passage où il utilise autre chose que son coup de poing direct du droit ! Il ne sait rien faire d'autre. Batman, lui, tout comme Ōyama, gagne grâce aux heures passées à s'entraîner. Sa victoire est le fruit d'un travail intense et constant. Je m'identifie donc plutôt à Bruce Wayne.

Orphelin de père, je grandis seul avec ma mère. Je n'ai pas de pouvoir particulier, sauf celui de passer des heures entières à lire et à écrire des poèmes que je ne montre à personne. À l'époque, je tiens à ma réputation de tête brûlée. Je me fais virer de plusieurs écoles pour cause de retards, bagarres et autres tares avant de finir, avec un pote, dans la dernière qui veuille bien m'accepter. À nous deux, on forme le duo charismatique du collège. On m'a collé une étiquette de cancre et je ne cherche pas à la décoller. Je suis trop occupé à m'inventer un père, un type extraordinaire qui multiplie les voyages d'affaires et côtoie les grands de ce monde. En fait, je suis comme Keyser Söze. Je brode une histoire autour de mon père, et il devient le résultat de la mutation génétique mêlant toutes les personnalités de mes héros, un savant mélange de Steve Rogers, Tony Stark, Bruce Banner…

Au fil des années, il m'a fallu me rendre à l'évidence : les mensonges ne suffisent plus pour cacher l'absence de mon père. Keyser Söze commence à révéler sa véritable identité. Quand on est dans un trou, la pire des choses à faire, c'est de continuer à creuser. Au contraire, ceux qui obtiennent de grands résultats transforment les épreuves en apprentissages. Ils observent le plus souvent les événements à travers un filtre positif. Cette façon de voir la vie entraîne un changement évident dans notre attitude et se traduit par des résultats positifs dans les actions que nous entreprenons. Dans ce contexte, je pourrais me dire que ce n'est pas à moi de faire le premier pas vers mon père. Je préfère me dire que je ne suis pas une victime, je suis un survivant. Comme le disait Carl Gustav Jung : « Je ne suis pas ce qui m'est arrivé, je suis ce que je choisis de devenir. »

RÈGLE KARMA N° 9

Tu n'es pas ce qui t'est arrivé,
tu es ce que tu choisis de devenir.

2003, des pluies torrentielles frappent la Tunisie, laissant plus de deux mille cinq cents personnes sans abri. Les dégâts menacent de provoquer de violentes révoltes dans les quartiers populaires ayant subi les puissances dévastatrices de la nature. J'atterris à l'aéroport de Tunis sans être invité ni même attendu. J'ai réussi à trouver le numéro de mon père grâce à ma cousine. Il est tunisien, il s'est remarié et s'est installé dans la capitale. Il a deux autres enfants, déjà adultes. Je m'installe dans le premier hôtel sur ma route. Pas de téléphone dans ma chambre, je vais appeler avec celui du hall. La pluie bat sur les baies vitrées de l'hôtel comme un roulement de tambour. C'est sa femme qui répond. Je me présente et explique que je souhaite le voir. Elle me fait patienter quelques minutes pour finir par m'annoncer qu'il est absent. Je souris. Je connais l'absence, je suis né avec. La pauvre, elle ne sait pas sur qui elle est tombée. Je commence l'aller-retour entre ma chambre et le téléphone. Je rappelle dix-sept fois jusqu'à ce qu'il accepte enfin de me parler et de me rencontrer.

Quelques heures plus tard, dans un café de la ville, je me retrouve face à cet étranger, un type avec qui je n'ai *a priori* rien en commun. Il est loin d'être le super-héros que j'avais pu imaginer. Il ne m'a pas vu naître, n'était pas là pour mes premiers pas, ne m'a pas appris à faire du vélo. Il était absent quand ma mère ouvrait les rappels de factures en pleurant et qu'on a dû déménager dans un studio. Il était absent quand la conseillère d'orientation voulait me condamner, contre mon gré : « Agent d'entretien d'espaces verts. » Quand elle a accouché de moi, ma mère était seule, j'imagine ce qu'elle a dû ressentir : l'absence…

Après notre première rencontre, je pars faire le tour de la Tunisie avec mon sac à dos pour voir du pays, m'imprégner de ses odeurs et de ses paysages. J'ai besoin de retrouver une partie de mon identité. Je pars à la rencontre de gens étranges, je me reconstruis, je change.

Je revois mon père une dernière fois avant de rentrer en France. Nous ne nous parlons presque pas. Si les regards et énergies en présence avaient la parole, ils diraient à quel point on est trop fiers pour pleurer, bien trop cons pour dire « Je t'aime » et pas assez honnêtes pour avouer qu'on n'a pas spécialement envie de se revoir.

Tant qu'on attend que l'autre change, on reste dépendant. *Je renonce à te faire changer. Je m'organise autrement.*

RÈGLE KARMA N° 10

Quand on attend que l'autre change,
on est dépendant.
Je renonce à le faire changer.
Je m'organise autrement.

Dans l'avion du retour, je lis un livre sur le *kintsugi*. Le *kintsugi* est l'art de la résilience. Cette technique ancestrale, découverte au XVe siècle au Japon, consiste à réparer un objet brisé en soulignant ses fissures avec de la poudre d'or, au lieu de les masquer. Non seulement reconstruit, l'objet s'en trouve alors renforcé et sublimé. Cet art nous enseigne que, lorsque quelque chose qui a de la valeur se brise, plutôt que de chercher à cacher son imperfection ou sa fragilité, il est plus utile de le réparer avec quelque chose d'aussi beau que l'or : la force, l'amour, l'humour, un nouveau niveau de conscience, etc. Il s'agit en somme de glorifier l'imperfection. Le processus suit plusieurs étapes : l'objet brisé est réassemblé – les morceaux sont nettoyés avant d'être liés –, on patiente ensuite pour que le tout reprenne forme harmonieusement, s'habitue à ce nouvel assemblage. On le laisse respirer. Vient ensuite l'étape de réparation : on le polit et on dépose plusieurs couches de laque de couleur avant de révéler la beauté de chaque cicatrice grâce à de la poudre d'or. On le sublime enfin en le contemplant, en observant l'histoire de l'œuvre. La laque a durci : l'objet est encore plus solide qu'avant. Cet art est une belle métaphore de la résilience. Le neuropsychiatre Boris Cyrulnik a démocratisé le concept de résilience. Cette résilience ne consiste pas à tout guérir ni même à tout oublier : la résilience est une transformation. C'est le *kintsugi* appliqué à l'humain, l'art de se réparer avec des fils d'or… Même brisé par la vie, il est possible de se relever, comme Cyrulnik lui-même, qui a perdu ses parents dans les camps de concentration. En 1993, il écrit, dans *Les Nourritures affectives* : « Les enfants résilients deviennent de grands créatifs, et transforment leur blessure en œuvre d'art pour mettre une distance entre eux et leur traumatisme : ils sont souvent écrivains, comédiens.

Certains se tournent vers les autres, et veulent s'engager socialement (œuvres humanitaires, éducateurs de rue…), ou s'orientent vers de longues études (souvent en psychologie) : ce qu'ils veulent avant tout, c'est devenir l'auteur de leur destin. Ce sont des décideurs parce qu'ils n'ont rien décidé de leur enfance. »

Je réalise que l'objet brisé, c'est moi. Les blessures n'ont pas disparu, elles se transforment. Le temps, les expériences et les rencontres sont les sutures en or qui les sublimeront. Je peux me sublimer, me réparer et me polir avec de l'or. Les émotions nées des blessures n'ont pas à me submerger, je peux transformer les épreuves en force. C'est ainsi que je progresserai. Sinon, pour reprendre les mots du poète afghan Rûmî, « si vous êtes irrité par toutes les frictions, comment voulez-vous être poli ? ».

RÈGLE KARMA N° 11

Si tu es irrité par chaque frottement, comment veux-tu être poli ?

Comme Bruce Wayne, je n'ai aucun pouvoir surhumain. Pire encore, son aventure commence par un trauma, une fêlure qui va, *in fine*, susciter en lui un sens aigu de la justice et une moralité sans faille. Si ses parents n'avaient pas été tués dans une rue malfamée quand il avait 8 ans, il ne serait probablement pas devenu le chevalier noir. Bruce développe ses facultés et décide de se transformer afin de combattre une cause qui le touche et faire en sorte que le monde soit meilleur après lui.

RÈGLE KARMA N° 12

Fais en sorte que le monde soit meilleur après toi.

À 18 ans, je suis dans la banlieue de mon excellence, au point qu'un jour je me retrouve une fois de plus face à un choix dont dépend ma survie : rester à Paname et finir entre quatre planches ou quatre murs sombres, ou bien, comme Bruce, quitter Gotham pour rejoindre la Ligue des Ombres…

CHAPITRE 2

LA LIGUE DES ASSASSINS

Je décide de m'engager dans l'armée. C'est un réflexe de survie, j'ai besoin de repères, de quelque chose qui me remette sur les rails. En l'occurrence, c'est à ce moment que le karma a décidé de mettre sur mon chemin une personne qui allait tout changer dans ma vie, une femme qui m'a reçu dans son bureau et à qui j'ai exposé ma requête. Je sais que la flèche ne s'arrête pas quand elle chemine vers sa cible, qu'elle n'hésite pas. Alors j'y suis allé franco. Sur son bureau, une photo de vacances la représente aux côtés de son fils. Ils sourient tous les deux, ils ont l'air heureux et détendus. Je commence : « Madame, imaginez une seconde que je sois votre fils. Imaginez que je vienne vous voir un jour, désespéré, et que je vous dise : c'est très simple, si je continue comme ça, je vais me retrouver en prison ou à la morgue. L'armée, c'est ma dernière option. Je vais donner le meilleur de moi-même, tout simplement car je n'ai pas d'autre option, il n'y a aucun plan B. » Mes larmes commencent à monter, elle s'en aperçoit… Elle se lève et me serre la main :

— Tu seras dans les commandos. Tu as ma promesse. Tu commenceras tout en bas de l'échelle. Attends-moi ici.

Elle quitte la pièce et me laisse seul. Je suis à un tournant de ma vie. Elle revient au bout de cinq minutes, trois papiers à la main.

— Pendant longtemps, le corps des commandos a été réservé aux personnes hautement diplômées, ajoute-t-elle, mais les temps ont changé. Aujourd'hui, aucun salarié de Google n'abandonnerait son salaire à six chiffres pour rejoindre l'armée. Tu dois signer ces trois contrats d'engagement de cinq ans. Tu en as pour quinze ans. Pas de plan B. Ta prochaine affectation est dans quatre mois, sois prêt.

Dans le train qui me ramène à Gotham, j'écris mes pensées :

Ton futur, c'est ton passé, ton futur est donc prévisible. Tu ne fais que chercher à reproduire ou éviter. Ton plan d'action est caduc : il est basé sur l'expérience du passé. Ton algorithme tourne en boucle et se mord la queue. Le seul moyen de briser l'homéostasie, c'est de produire une variable dans l'équation, une variable qui vient rompre l'équilibre et créer un nouveau centre de gravité. Quand tu tournes en rond, brise le cercle.

RÈGLE KARMA N° 13

Quand tu tournes en rond, brise le cercle.

Quatre mois plus tard, je quitte le manoir Wayne avec mon sac à dos pour partir à l'armée. Une fois sur place, j'aurais pu focaliser mon attention sur le négatif, j'ai préféré me connecter au positif. Je parle à mon enfant intérieur.

Pour le médecin américain Charles Whitfield, l'enfant intérieur est « cette entité vivante, énergique, créatrice qui vibre en chacun de nous ». Cet enfant intérieur, c'est un peu le siège de nos émotions. L'existence de cette part enfantine inhérente à notre personnalité n'est pas nouvelle. Carl Gustav Jung parlait de l'enfant divin. Pour Eric Berne, à l'origine de l'analyse transactionnelle, comme nous le verrons plus loin, l'Enfant fait partie des composantes de notre personnalité avec le Parent et l'Adulte. Écouter son enfant intérieur, le considérer et prendre soin de lui, communiquer avec lui font partie du chemin menant à l'épanouissement.

Alors, à l'armée, je propose à mon enfant intérieur de tout prendre comme un jeu. L'armée devient une véritable colonie de vacances, avec en bonus des flingues et des grenades, des hélicoptères et du camping en pleine montagne. Je demande conseil auprès d'instructeurs qui m'élaborent un plan pour effectuer une série de petits changements dans des domaines cloisonnés (alimentation, sport…). Une fois cumulés, ils créeront un effet domino, un grand changement général. On m'enseigne la guerre urbaine, et j'apprends à manier l'arme blanche. On me montre comment poser des pièges en forêt, survivre dans des conditions hostiles, développer mes capacités physiques et mentales.

Je pousse mon corps bien au-delà de sa zone de confort, mes muscles réagissent en devenant suffisamment forts pour établir une nouvelle zone de confort. Mon objectif n'est pas seulement de réaliser mon potentiel mais de le construire, de rendre possibles des choses qui étaient impossibles auparavant. Je force mon cerveau et mon corps à s'adapter. Je suis toujours le dernier à courir pour faire deux ou trois tours de plus, je rentre et je suis le dernier à m'endormir, le nez dans les manuels de guerre urbaine. À force, je deviens très bon, tellement bon que j'accomplirai quelque temps plus tard un exploit : monter une montagne en quatre heures et la redescendre en trente minutes. Assis en haut de cette montagne qui surplombe la chaîne des Alpes, je repense à ce que disait le philosophe indien Rabindranath Tagore et je dis, à voix basse, en scrutant l'horizon : « Tout ce qui nous appartient vient à nous si nous créons la capacité à le recevoir. »

RÈGLE KARMA N° 14

Tout ce qui nous appartient vient à nous si nous créons la capacité à le recevoir.

Kobe Bryant était l'un des basketteurs les plus titrés de tous les temps. En 2012, il a été sélectionné comme membre de l'équipe américaine. Pendant ce temps, l'un des entraîneurs sportifs de l'équipe travaillait avec lui pour le préparer aux Jeux olympiques. Une nuit, à 3 h 30, Kobe l'appelle :

— Hé, Rob, j'espère que je ne vous dérange pas… Je me demandais si vous pouviez m'aider pour mon entraînement.

— Ouais, OK… Je te rejoins.

Il faut une vingtaine de minutes à l'entraîneur pour récupérer son équipement et sortir de l'hôtel. Quand il arrive, il trouve Kobe seul, trempé de sueur. Il travaille avec lui pendant plus d'une heure et retourne se coucher. À 11 heures, il retrouve les joueurs de l'équipe américaine. Kobe tire des paniers dans son coin. Il s'approche de lui et lui tapote le dos.

— Bon travail, ce matin, lui dit-il. Alors, quand as-tu fini ?

— Fini quoi ?

— À quelle heure tu as fini ton entraînement ?

— Là, à l'instant. Je voulais tirer huit cents paniers.

Kobe Bryant a commencé son travail de conditionnement vers 3 heures du matin, a continué à courir et à sprinter jusqu'à 6 heures, à soulever des poids de 6 à 7 heures, et il a effectué huit cents tirs entre 7 et 11 heures.

L'excellence est une question de détails, c'est l'art de tailler le joyau.

L'excellence n'est pas un don, c'est un processus qui s'apprend.

RÈGLE KARMA N° 15

L'excellence n'est pas un don, c'est un processus qui s'apprend.

John Hayes, professeur de psychologie cognitive, a mis en évidence que pratiquement tous les « chefs-d'œuvre » musicaux avaient été écrits après la dixième année de la carrière du compositeur. Pas une seule personne n'a produit un tel travail sans une décennie de pratique. Même Mozart a dû travailler pendant au moins dix ans avant de produire quelque chose qui soit devenu populaire. Dans des études ultérieures, Hayes a trouvé des modèles similaires chez des peintres célèbres et des poètes populaires. Ces conclusions ont été confirmées par des travaux de professeurs comme le psychologue K. Anders Ericsson, qui a révélé qu'il fallait environ 10 000 heures pour devenir un expert dans son domaine, 10 000 heures de pratiques délibérées. En 1990, Ericsson et deux collègues de l'Académie de musique de Berlin (une académie « élitiste ») ont divisé les violonistes en trois groupes : « stars », « bons », « professeurs de musique dans l'enseignement public ». Ils ont posé les mêmes questions aux trois groupes : depuis la première fois, combien d'heures avez-vous joué ? Ils avaient tous commencé à jouer environ au même âge, 5 ans, et ils jouaient à peu près trois heures par semaine. À 8 ans, des différences sont apparues : ceux qui voulaient finir en tête de classe ont pratiqué de plus en plus au fil des ans, plus que les autres, et jusqu'à seize heures par semaine. À cet âge, cette élite aura accompli 10 000 heures de pratique du violon, le groupe des bons 8 000 heures et les futurs professeurs de musique à peine 4 000. Ericsson a ensuite comparé les pianistes amateurs avec les pianistes professionnels. Il a trouvé le même modèle. Ericsson et son équipe n'ont pas trouvé le musicien « naturel » : celui qui est doué et qui devient professionnel sans effort. Les gens qui atteignent le sommet ne travaillent pas plus que les autres : ils travaillent beaucoup plus, et beaucoup plus dur ! Selon le neurologue Daniel Levitin, 10 000 heures de pratique sont nécessaires pour arriver au niveau « Master » de l'expert international dans n'importe quel secteur ou domaine. Car 10 000 heures, c'est le temps nécessaire au cerveau pour assimiler tout ce que requiert cette véritable maîtrise. La qualité, c'est de la quantité assimilée…

RÈGLE KARMA N° 16

La qualité, c'est de la quantité assimilée.

Connaissez-vous la fable « Le Lion et le Rat », de Jean de La Fontaine ? Un lion se retrouve prisonnier dans un filet. Il se débat, rugit, mais rien n'y fait. Un rat, précédemment sauvé par le félin, vient à son secours et fait « tant par ses dents qu'une maille rongée emporte tout l'ouvrage ». Cette fable se termine par une morale qui est entrée dans le langage commun : « Patience et longueur de temps font plus que force ni que rage. »

Concrètement, qu'est-ce que cela signifie ? Lorsque le lion est pris dans un filet, sa force ne peut rien changer. Alors qu'il a l'habitude d'être le plus fort, le voilà secouru par un simple rat. Dans la vie, si votre concurrent est plus intelligent, plus talentueux ou expérimenté, il vous suffit de travailler trois ou quatre fois plus dur. À long terme, vous pouvez faire mieux. En fonction du contexte, ces personnes ont peut-être ces qualités à court ou moyen terme, mais à long terme, elles peuvent se reposer sur leurs lauriers et se décourager devant les obstacles. À l'inverse, il y a des personnes comme vous et moi qui vont accumuler une série de petites actions en apparence insignifiantes. C'est ce qu'on appelle l'« effet cumulé » : ce sont les petits choix du quotidien, les plus petits changements qui nous permettent de réaliser nos objectifs à long terme. Les actions qui semblent les plus insignifiantes, répétées sur une longue durée, impacteront le cours de notre vie par un mécanisme de réactions en chaîne, un effet boule de neige dont les répercussions deviennent exponentielles au fil du temps. Des petites actions, des choix pertinents, des petits changements associés à la constance et à la persévérance entraînent des résultats dans le temps. La façon dont nous faisons les petites choses détermine la façon dont nous faisons toutes les choses.

RÈGLE KARMA N° 17

La façon dont nous faisons les petites choses détermine la façon dont nous faisons toutes les choses.

Ce principe est l'une des clés pour récolter d'énormes récompenses à partir d'une série de petits choix intelligents. Tout, dans votre vie, existe parce que vous avez d'abord fait un choix. Les choix sont à la base de chacun de vos résultats. Vous faites vos choix, puis vos choix vous font. Il est donc possible de « pirater le karma ». Voici la formule de cette équation.

Pour faciliter sa mémorisation, nous l'appellerons la méthode PAOA : P + A + O + A = KO ! Autrement dit : préparation (croissance personnelle) + attitude (croyance/état d'esprit) + opportunité (une bonne chose à venir) + action (faire quelque chose) = karma optimisé !

RÈGLE KARMA N° 18

Tu fais tes choix, puis tes choix te font.

*

Je me souviendrai toujours d'un type de mon escadron. À l'époque, on l'appelle « la Bûche ». C'est un roc. Il est immense et naturellement bâti comme un body-buildeur. Un jour, on grimpe une montagne pour un exercice et la Bûche pète un plomb. Il se met à arracher des plantes, se roule par terre et finit par se recroqueviller en position fœtale sur le sol, en larmes. Notre instructeur nous ordonne d'attendre que la crise passe. Il finit par se calmer un peu. Un des mecs s'approche de lui et saisit son sac. Il le porte sur son dos en plus du sien, et reprend la route avec ces deux sacs de quatorze kilos. Un élan s'empare de nous tous : à tour de rôle, chacun saisit le sac de la Bûche pour relayer celui qui vient de le porter, chacun porte cette croix en plus de la sienne. Nous donnons sans rien attendre en retour. Le fait de ressentir ce sentiment de cohésion et d'entraide nous suffit. En alpinisme, la cordée désigne l'ensemble des alpinistes liés par une corde. Nous sommes ensemble. Nous sommes à l'image de cette cordée. Si l'un de nous tombe, il peut entraîner tout le monde. Le commandant nous observe. Il constate qu'il a réussi : les faire se réunir était un début, les faire rester ensemble fut un progrès, les faire travailler ensemble est une réussite.

Dans les camps de concentration, le futur professeur de neurologie Viktor Frankl avait observé que les plus robustes étaient les premiers à mourir tandis que ceux qui paraissaient les plus faibles résistaient beaucoup plus longtemps. Face à l'absurde, les plus fragiles avaient développé une vie intérieure qui leur laissait une place pour garder l'espoir et questionner le sens.

Selon Viktor Frankl, c'est le sens que nous donnons à notre vie qui oriente et motive nos actions. Un manque de sens peut rendre malheureux. C'est nous qui avons la responsabilité des comportements que nous adoptons face aux gens et aux situations. Pour lui, « on peut tout enlever à une personne excepté une chose, la dernière des libertés humaines : celle de décider de sa conduite ». Ainsi, quelle que soit la situation, nous pouvons toujours choisir d'en faire une occasion de grandir ou de souffrir. Enfermé dans les camps de concentration, Viktor Frankl a développé cette approche, cette quête de sens. Les nazis avaient notamment confisqué et détruit un manuscrit qu'il avait rédigé. Frankl s'est donné comme objectif de terminer cette œuvre : il a donné un sens à sa vie et nourri son courage face à l'adversité.

Pour Frankl, « lorsque nous ne sommes plus en mesure de changer une situation, nous sommes mis au défi de nous changer ».

RÈGLE KARMA N° 19

Lorsque nous ne sommes plus en mesure de changer une situation, nous sommes mis au défi de nous changer.

Un jour, on nous convoque pour une mission au Kosovo. Cette fois-ci, ce ne sera pas une simulation. Il faudra vraiment aller dans un village au milieu des montagnes pour récupérer une balise ennemie. Et comme cette balise ne se rendra pas toute seule, il faudra tuer tous ceux qui la protégeront. Hommes, femmes et enfants. Fin de la colonie de vacances. C'est devenu concret, violent. Les paroles de mon commandant me reviennent en pleine gueule : « Quand tu tues un homme, tu décuples le courage de dix autres. Quand tu estropies un homme, tu sapes le moral de dix autres. Tire pour estropier, non pour tuer. »

Je suis venu ici parce que je refusais l'éventualité de devoir buter un convoyeur de fonds, alors je ne vais pas me mettre à buter des femmes et des enfants. Je pense à mon grand-père. Pendant la Seconde Guerre mondiale, il était résistant. Au retour de la guerre, il a commencé à déclencher des crises d'épilepsie. Il n'a jamais voulu raconter ce qu'il avait vécu. Je ne reproduirai pas ce schéma. Je quitte la Ligue des assassins.

Après s'être entraîné pendant des années au sein de la Ligue au Tibet, Bruce Wayne va s'apercevoir que les membres de la Ligue ne sont pas des gentlemen, mais des mercenaires qui utilisent leur force et leurs connaissances pour détruire plus que pour construire. Il décide de les quitter. Ra's al Ghul, leader de la Ligue, devient alors son pire ennemi.

Le karma aspire à l'équilibre pour maintenir l'ordre et entretenir l'harmonie : le pendule ne cesse donc d'osciller. L'oscillation dans une direction détermine l'oscillation dans la direction opposée : c'est un phénomène de balancier. Ainsi, lorsque le pendule de votre vie est du côté de vos blessures, sachez qu'un jour viendra où ce même pendule sera du côté des compensations pour ces mêmes blessures. Tôt ou tard, votre fêlure sera compensée par un cadeau. La seule inconnue, c'est le moment où vous transformerez les épreuves en quelque chose de précieux.

La loi des compensations joue un rôle important dans la vie des hommes et des femmes. On remarquera qu'un individu « paie » généralement tout ce qu'il possède ou tout ce qu'il acquiert. S'il possède une chose, une autre lui fait défaut : la balance est en équilibre. Toute chose présente un bon et un mauvais côté. Personne ne peut, en même temps, « conserver son argent et avoir son morceau de gâteau ». C'est à cette loi de compensation que *Le Kybalion – Étude sur la philosophie de l'ancienne Égypte et de l'ancienne Grèce* fait allusion. Je croyais que la compensation se trouvait là, à l'armée. Au moment de partir au combat, je me rends compte que la compensation n'était pas là… Mais je ne me décourage pas. Le philosophe et chimiste Antoine Lavoisier disait : « Rien ne se perd, rien ne se crée, tout se transforme. » Cette phrase est une reformulation de celle du philosophe grec Anaxagore : « Rien ne naît ni ne périt, mais des choses déjà existantes se combinent puis se séparent de nouveau. » Ainsi, tout finit par se compenser, toutes vos expériences ont une raison d'être : chaque expérience est une pièce du puzzle de votre vie.

RÈGLE KARMA N° 20

**Rien ne se perd, rien ne se crée,
tout se transforme.**

*

10 heures du mat', sur le quai d'une petite gare déserte en pleine montagne. Ça y est, j'ai quitté l'armée, je prends le chemin du retour vers Gotham. Le train dans lequel je monte est vide. Mon uniforme a été remplacé par mon survêt noir à capuche et mes baskets blanches. Le casque sur les oreilles, j'écoute « *D'Evils* » de Jay-Z, « *Whoever said illegal was the easy way out Couldn't undestand the mechanics And the workings of the underworld, granted...* » Je regarde le paysage défiler, en silence. Je reviens vers ce que j'ai fui et je me demande si rentrer, c'est échouer. Je laisse couler quelques larmes. Je ne sais pas si c'est de la tristesse, de la nostalgie, de la haine, de l'amour ou l'ensemble

qui crée un cocktail Molotov émotionnel. Si je ne verse pas une larme quand je perds ce qu'il y a de plus cher à mon cœur, je perds aussi mon humanité, je me coupe de mes émotions. J'avais trouvé des frères chez mes compagnons d'escadron, et mon commandant représentait métaphoriquement la figure du père dont j'avais été privé. Pleurer me libère, m'aide à faire le deuil. J'accepte l'idée que mon cœur est destiné à être brisé plusieurs fois sur mon chemin de vie. La coquille sera fissurée, cela ne se fera pas sans souffrir, c'est seulement ainsi que le noyau pourra s'ouvrir et offrir sa graine au monde. La souffrance et l'amour font partie du voyage : je ne les rejette pas, je les accueille. La partie en moi qui souffre le plus reflète la profondeur de mon humanité. Selon le poète Rûmî, « Ta tâche n'est pas de chercher l'amour, mais simplement de chercher et trouver tous les obstacles que tu as construits contre l'amour ». Nous avons tous nos peurs, nos croyances, nos fiertés, nos blessures. Tout cela peut constituer des remparts, des étapes de guérison à franchir pour que ces obstacles ne viennent plus s'interposer entre l'amour et nous.

RÈGLE KARMA N° 21

Ta tâche n'est pas de chercher de l'amour, mais simplement de chercher, de trouver tous les obstacles que tu as construits contre l'amour.

En procédant à l'analyse chimique de larmes de patients en thérapie, le Dr William Frey, du Saint-Paul-Ramsey Medical Center dans le Minnesota, a découvert qu'elles contenaient des hormones de stress (l'ACTH). Elles favorisent donc l'élimination de la composante biologique du stress. L'un des mécanismes de retour au calme conduit aux pleurs de la personne agressée. Ce mécanisme demeure à explorer et pourtant la thèse admise est qu'il est nécessaire d'évacuer l'ACTH accumulée. Les larmes postagression contenant de l'ACTH exprimeraient ainsi un mécanisme de décharge émotionnelle, cathartique. L'observation de la réalité donne raison à cette hypothèse : un mieux-être accompagne souvent ces pleurs. C'est un moyen de se libérer de toutes les émotions négatives qui parfois nous dépassent, un moyen d'atteindre ce mieux-être. De plus, il vaut mieux que les émotions soient dehors plutôt que dedans. Une colère ou un amour non exprimés peuvent être très corrosifs…

Dans ce train, je réalise que durant toutes ces années je me suis interdit de pleurer parce que « les garçons, ça ne pleure pas ». J'étais pris dans une transe hypnotique, une norme sociétale, une vache sacrée, une idole dans le temple… Je la brise en mille morceaux sur le sol de ce train. Quelques passagers, le regard médusé, observent ce grand gaillard au crâne rasé, taillé comme un roc, pleurer et passer des pleurs aux éclats de rire. Je ris d'avoir été contaminé intellectuellement, je ris parce que j'ai été constipé émotionnellement, je ris parce que je viens de réaliser que celui qui est fort n'est pas celui qui ne pleure jamais. Je ris parce que je viens de comprendre qu'il faut une grande force en soi pour pleurer devant quelqu'un d'autre.

Certaines croyances, valeurs ou sujets sont considérés par la majorité comme intouchables. J'appelle ça des

« vaches sacrées », en référence à la tradition hindoue, selon laquelle la vache est un animal sacré que l'on ne peut pas manger et auquel on ne peut pas manquer de respect. Toutes ces croyances limitantes sont des petits dieux dans votre temple intérieur qui viennent vous dicter leurs Dix Commandements :

1. Tu auras peur.

2. Tu douteras de toi.

3. Tu manqueras de courage.

4. Tu trembleras.

5. Tu échoueras.

6. Tu seras terrifié.

7. Tu seras un ou une incapable.

8. Tu sombreras.

9. Tu seras faible.

10. Tu entreras en guerre contre une partie de toi-même.

Quand vous avez une croyance, aussi forte soit-elle, faites cet exercice à dose homéopathique : transformez cette croyance en question. Un « Je crois » devient « Est-ce que je crois ? », un « Je suis sûr » devient « Suis-je sûr ? ». Demandez-vous si ces lois sont toujours d'actualité ou utiles. Il existe un exemple de destruction de ces croyances dans les religions monothéistes. À la veille d'une grande fête, Abraham savait que les citadins quitteraient le temple pour partager un énorme festin. Lorsqu'ils furent partis, il se rendit dans le temple et détruisit leurs statues, leurs idoles, sauf une, la plus grande. Lorsque les citadins revinrent, ils furent horrifiés. Leurs idoles gisaient sur le sol. Ils demandèrent à Abraham : « Est-ce toi qui as fait cela ? » Abraham répondit : « Non. C'est cette statue, la plus grande de toutes, qui a fait ça ! Demandez-lui ! » Les villageois répondirent : « Tu sais qu'elles ne peuvent pas parler ! » Et Abraham renchérit : « Alors comment pouvez-vous vénérer des choses qui ne peuvent jamais voir ou parler ? Elles ne peuvent même pas se protéger elles-mêmes. Êtes-vous devenus fous ? » Abraham met ainsi un terme au règne des illusions et des faux-semblants. Brisez, vous aussi, ces vaches sacrées, ces dieux dans le temple de votre cœur : vos craintes, vos peurs, vos croyances limitantes…

CHAPITRE 3

L'ÉNERGIE DU DÉSESPOIR

En 506 avant J.-C., la Chine est composée de principautés réparties autour des bassins du fleuve Jaune et du fleuve Bleu. Un petit village de pêcheurs au bord du fleuve Bleu, peuplé d'irréductibles Chinois, résiste contre le roi He Lu, empêchant ses troupes de rallier son État – celui de Wu – à l'État de Chu. Ce ne sont que de simples pêcheurs mais la flamme de la détermination brûle en eux. Leurs forteresses, faites de bois, de pierre et de chaux, leur assurent une protection efficace. Rien ne semble pouvoir affaiblir leur rébellion. He Lu envoie alors son meilleur général, celui dont la réputation suffit à faire trembler les plus grands guerriers, celui qui ne connaît aucune défaite : le général Sun Tzu.

Arrivé avec ses hommes aux abords du village d'irréductibles, le général Sun Tzu utilise une méthode imparable pour vaincre en minimisant les pertes : créer des brèches. En offrant aux villageois la possibilité de fuir, le général affaiblit les forces de l'adversaire : lorsqu'il n'existe aucune possibilité de fuir, les hommes se battent avec l'énergie du désespoir et leurs forces sont décuplées. Si l'on offre la possibilité de fuir, la volonté de préserver sa vie est souvent plus forte que celle de poursuivre le combat. C'est ainsi que le village du fleuve Bleu tira sa révérence.

Imaginez que votre vie soit le village du fleuve Bleu : vous êtes encerclé, vous avez un projet et vous allez vous battre avec l'énergie du désespoir pour le réaliser car vous n'avez pas d'autre choix, c'est une question de survie. C'est ça ou la mort. Il n'y a pas de brèche, juste une promesse de liberté. Ça, c'est quand vous avez un plan A, l'unique objectif de votre vie, celui qui compte vraiment pour vous, votre étoile du Berger dans le ciel. La guerre se gagne dans les plans et le seul plan B possible, c'est de s'en tenir au plan A.

RÈGLE KARMA N° 22

La guerre se gagne dans les plans, et le seul plan B possible, c'est de s'en tenir au plan A.

À une époque de ma vie, je me suis retrouvé dans une situation similaire : je me battais avec l'énergie du désespoir. Jeune et ambitieux, parfois vicieux, je voulais être le prince de la ville. J'ai essayé de bosser en cuisine, mais le chant des sirènes était trop fort. Par ennui, par défaut, j'ai plongé tête la première à nouveau dans la Ligue des Ombres. J'allais au restaurant tous les soirs, on se serait cru dans le film *Le Parrain* : mes potes et moi avions une table réservée au fond d'un restaurant italien cosy. Le patron nous laissait accéder à la cour intérieure pour parler business à l'abri des oreilles indiscrètes. Évidemment, en échange, on l'arrosait généreusement en pourboires. Notre business n'était pas réglo, loin de là. Un jour, un mec du quartier s'est fait soulever. Quand il est sorti de garde à vue, il nous a raconté que les flics l'avaient interrogé pendant des heures dans un bureau aux murs recouverts de photos, comme dans une chasse au *serial killer* : « Tout en haut de leur montage photos, il y avait vos têtes, à toi et à ton pote. Apparemment, ils ont installé une planque devant le restau depuis plusieurs semaines. » Tout ça allait mal finir, l'étau se resserrait. Ce n'était plus qu'une question de jours ou de semaines avant que je me fasse menotter. Combattre, se figer ou fuir ? J'ai choisi la fuite, j'ai choisi l'armée.

*

Nous sommes en 1976 dans un laboratoire sombre du 15e arrondissement de Paris. Henri Laborit, neurobiologiste, mène plusieurs expériences sur des rats afin de mieux comprendre leur réaction face au stress. Il les place alors individuellement en face d'un adversaire hostile et menaçant pour analyser leur réaction. Il répète ces expériences, encore et encore… jusqu'au jour où il a une illumination : « Face à une épreuve ou un danger, un choix entre trois stratégies est inéluctable : se figer, fuir ou combattre. » À la même époque, Albert O. Hirschman, socio-économiste, est arrivé à des conclusions similaires en analysant le problème sous un autre angle. Il a observé pendant plusieurs années les stratégies de salariés, de consommateurs, d'électeurs et de citoyens mécontents. Il en a déduit un « répertoire d'actions général » qui comporte trois formules :

exit (partir), *voice* (protester) ou *loyalty* (se soumettre). Par exemple, un salarié mécontent peut choisir l'option de protester contre son patron ou contre une réforme gouvernementale. L'autre choix qui s'offre à lui consiste à partir de son entreprise ou du pays pour chercher mieux ailleurs. La dernière option est de ne rien faire et de se soumettre, malgré ses frustrations, en laissant sa situation inchangée. Notre société actuelle est marquée par une instabilité générale qui accentue le stress. Aujourd'hui, on constate une augmentation du nombre de salariés qui changent de profession ou d'entreprise, des étudiants qui abandonnent leurs études ou se réorientent, des couples qui se séparent, etc. Ce stress et ces épreuves peuvent apparaître sous un nombre incalculable de formes et à des degrés différents. Chacune des stratégies que vous adoptez a donc une signification bien précise.

Combattre ou se rebeller

Vous pouvez adopter cette stratégie de deux manières :

- **Combattre négativement** en adoptant une posture de confrontation systématique où le coup reçu est transformé en coup rendu. Cela limite à court terme les dommages psychosomatiques de votre épreuve. Mais sur le long terme, vous entrez dans une spirale incontrôlée d'agressions et de violences qui causent des dégâts beaucoup plus importants qu'en situation de fuite ou de passivité.

- **Combattre positivement** en regardant votre épreuve comme un objectif à atteindre par la mobilisation de vos ressources physiques et morales. Un étudiant qui prépare un concours, un fumeur qui veut arrêter la cigarette, un chômeur qui se bat pour trouver un emploi… les exemples sont multiples. Cela implique une discipline nouvelle et des efforts à effectuer, d'une difficulté parfois extrême. Comme je le répète souvent, plus le combat est dur, plus la victoire est belle.

Se figer ou ne rien faire

On parle alors d'« inhibition de l'action ». Face à votre adversaire ou votre épreuve, vous ravalez votre colère, votre rancœur, votre déception et votre fierté afin d'éviter une confrontation, par peur des conséquences. Mais en réalité, tout ce que vous refusez d'extérioriser vous bouffe de l'intérieur comme une armée de piranhas. Les dommages psychosomatiques vont alors se multiplier et créer des maladies : ulcères, rhumatismes, cancers, etc.

Fuir

Il existe **trois types de fuite :**

- La **fuite chimique :** dans cette stratégie, votre volonté première est de retrouver une illusion de bien-être. Vous usez de drogues, d'alcool, de cigarettes, d'antidépresseurs… pour oublier, effacer ou atténuer votre stress. Vous vous dites que « ça va passer » ou que « ça ira mieux demain », « qu'il faut bien mourir de quelque chose ». Le meilleur moyen de fuir votre quotidien est selon vous la « dépendance » à une substance que vous associez à tort au « plaisir ». En réalité, vous détruisez sans vous en rendre compte votre santé, votre vie sociale et votre potentiel.

- La **fuite géographique :** elle peut être **négative** et provoquée par une instabilité profonde. Dans cette stratégie, vous allez constamment « changer » de lieu, de travail, d'amis, de conjoint… sans chercher à vous changer vous-même. Vous tournez alors en rond pendant des années en essayant de trouver la cause de vos problèmes : elle se trouve en réalité dans votre miroir.

  Elle peut aussi être **positive** et **salvatrice**. Vous avez la meilleure graine de rose au monde ? Plantez-la dans un désert aride, elle ne poussera pas. Pire, elle mourra. Pour l'être humain, c'est la même chose…

- La **fuite artistique :** vous transformez votre colère, votre rancœur et votre peine en énergie pour booster votre art. Musique, sport, peinture, sculpture… vous puisez dans cette adversité la force pour exceller et vous surpasser dans votre domaine.

Au moment de mon incorporation dans l'armée, il y a un bug dans la matrice : on m'oublie. Il y a eu un changement de gradés et on me zappe totalement. Personne ne s'occupe de mon cas, comme si je n'existais pas ! Alors, durant cette journée, je fais le mort.

Je range ma chambre, je pars courir et je vais manger avec les autres. Tous mes potes sont là, tous ont reçu leur affectation. Je passe du temps dans ma chambre, plongé dans la lecture des *Œuvres morales* de Plutarque, qui écrivait : « C'est le fait d'un homme sage de tirer profit de ses ennemis[1]. » Je décide de ne me préoccuper de rien, de ne pas me déclarer. Je sais que les choses vont finir par changer, quelque chose va se passer. C'est juste une question de temps et j'ai tout mon temps.

L'action a de nombreuses définitions. Parfois, vous surmontez les obstacles non pas en les attaquant mais en vous retirant et en vous laissant attaquer. Un château peut être une forteresse intimidante et impénétrable ou il peut être transformé en prison lorsqu'il est encerclé. La différence réside simplement dans un changement d'action et d'approche. Au lieu de combattre les obstacles, il suffit d'utiliser l'obstacle contre lui-même.

Les semaines défilent et, effectivement, quelque chose se passe. J'avais un objectif et je m'étais renseigné : je savais qu'il restait deux places de commandos dans le peloton où je voulais être affecté, celui-là et pas un autre. Il me manquait juste l'occasion de négocier. Et cette occasion vient se présenter : j'entends des bruits de couloir, on cherche un chef cuisinier dans un camp en pleine montagne justement en rade de cuistot. Parfait ! Justement, je suis cuistot. Je transforme donc cet oubli en occasion. Le temps est la meilleure arme de l'envahisseur. C'est là que réside l'art de transfor-

1. Plutarque, *Œuvres morales*, « Sur l'utilité que l'on peut retirer de ses ennemis ».

mer les épreuves en tremplin, les poisons en antidotes, les défaites en trésor. Cette programmation mentale me donne la clé. D'instinct, je comprends que leur erreur me met en position de force pour choisir mon incorporation. Je demande à voir le commandant et lui explique que je suis dans ma chambre depuis un mois sans être affecté. Furieux, mais surtout bien emmerdé d'avoir pu commettre une telle erreur, il m'annonce ce que je sais déjà : il a besoin d'un chef cuistot, il m'envoie dans ce camp-là. J'ai mon plan A et le seul plan B possible, c'est de m'en tenir au plan A.

« Mon commandant, j'accepte à une condition », lui dis-je. Les secondes passent. J'ai tout mon temps, je reste silencieux, ça prendra le temps qu'il faut. Le silence remplit la pièce. Le commandant finit par céder et me demande de lui donner ma condition. « Mon commandant, avec tout le respect que je vous dois, je pars immédiatement à condition que vous m'intégriez dès mon retour dans le peloton de sécurité, celui de ce mec-là. »

Il se trouve qu'à l'époque j'avais repéré ce type dont j'ai déjà parlé, le fameux commandant, *aka* la machine de guerre, *aka* Ra's al Ghul, qui m'impressionnait beaucoup et que je rêvais d'avoir comme mentor. C'était un fou de guerre, un genre de Clint Eastwood qui avait fait l'Irak, débarquait à la caserne en chiens de traîneau et partait en mission comme s'il allait aux sports d'hiver. J'annonce donc au commandant que je souhaite être affecté avec lui. Je lui explique que je me suis renseigné et qu'il reste justement deux places libres dans son escadron. Il fait mine de réfléchir, pour la forme. Il n'a pas le choix, il lui faut un cuistot compétent et motivé, pas un mec qui traîne la patte. Il y a trois cents têtes brûlées en pleine montagne qui mangent des rations de survie depuis trois jours. Ils ne peuvent plus tenir. Je suis en position de force et j'obtiens l'affectation. La guerre se gagne dans les plans, pas sur le champ de bataille.

RÈGLE KARMA N° 23

La guerre se gagne dans les plans, pas sur le champ de bataille.

Pour établir des plans, la confiance est nécessaire. Pour cela, il faut être capable d'affronter ses peurs, de ne pas les ignorer. Ce travail peut demander de la patience, une qualité nécessaire dès lors que l'on choisit de se faire confiance et de faire confiance à la vie.

C'est en voulant fuir sa souffrance que Bruce Wayne se retrouve dans une forêt, tombe dans un trou et se retrouve au milieu des chauves-souris[1]. Au début, il a peur. Puis, comme Ōyama, il s'adresse à la peur : « Tu n'es qu'une information, ni bonne ni mauvaise. C'est mon interprétation, mes filtres qui vont rendre cette information terrifiante, paralysante ou pas. » Ayant intégré cette croyance dans chaque cellule de son corps, il se laisse porter par les ailes des chauves-souris pour remonter vers la lumière. La chauve-souris représente votre plus grande peur, celle que vous allez choisir d'apprivoiser. Bruce a compris que définir ses

1. C. Nolan, *Batman Begins*, Warner Bros, 2005.

peurs est une première étape bien plus importante que la définition de ses objectifs. Nos peurs sont des murs qui se dressent entre nous et notre but. Si elles s'effondrent, l'objectif apparaît et il ne vous reste plus qu'à parcourir la distance entre l'endroit où vous êtes et celui où vous voulez aller. Au lieu d'affronter l'obstacle, apprenez à danser avec lui, apprenez l'art de transformer les blocages négatifs en ressources positives. Au lieu d'être pressé de tout savoir, de tout comprendre, tout, tout de suite, transformez la forteresse en prison.

RÈGLE KARMA N° 24

Une patience infinie produit des résultats immédiats.

CHAPITRE 4

L'OUTSIDER

Quand, avant même qu'il ne commence sa carrière, on interrogeait Walt Disney sur ce qu'il aimerait faire de « si extraordinaire » plus tard, il levait les yeux au ciel et répondait : « Je ne sais pas, mais je vois beaucoup de lumières et des milliers d'enfants sourire. » La suite, nous la connaissons tous. « Pour réaliser une chose vraiment extraordinaire, commencez par la rêver. Ensuite, réveillez-vous calmement et allez d'un trait jusqu'au bout de votre rêve sans jamais vous laisser décourager », disait-il.

La première fois que je parle concrètement de « ma légende personnelle » avec un adulte, il n'y a aucune part pour le rêve. Je me retrouve dans un bureau qui pue la poussière. Les fenêtres n'ont pas dû être ouvertes depuis des mois. La femme qui me reçoit semble éteinte, ses cheveux gras sont ramassés sur le dessus de la tête, en vague chignon. Elle, elle manque vraisemblablement d'amour, c'est sûr. Son âme doit être aussi grise que son vieux gilet. Dès les premières minutes, je comprends qu'elle ne place aucun espoir en moi. Je lui parle d'écriture, de créativité et de nature, elle me répond sidérurgie et voirie. C'est sa croyance, je la respecte. En contrepartie, mon droit, c'est qu'elle respecte aussi ma croyance, celle que je suis un génie qui n'a pas encore trouvé son domaine d'excellence et qui souhaite explorer ses pistes, celles qui résonnent en lui.

— Madame, vous ne comprenez pas que j'aspire à autre chose que planter des géraniums sur des ronds-points ? !

— Non mais pour qui tu te prends ? Qui es-tu pour vouloir briller ? m'avait-elle demandé. Tu te prends pour qui ?

— Et vous, qui êtes-vous pour vouloir priver le monde de ma lumière ? lui avais-je répondu.

Elle soupire, elle ne m'écoute pas. Elle décide de mon avenir à ma place.

— La vérité, c'est que vous avez des commandes venues d'en haut. Si le système avait besoin de putes ou de narcotrafiquants, vous nous enverriez toutes et tous faire le BEP correspondant. Vous êtes comme les gardes dans les camps de concentration, si un jour on vous juge vous direz, vous aussi : « J'obéissais aux ordres. »

C'était la conseillère d'orientation. Elle n'arrivait pas « âme voir », elle non plus. À 17 ans, avant de quitter l'école pour m'engager dans les commandos, il me restait une dernière mission à accomplir, la mission de celui qui n'a plus rien à perdre. Je suis venu enlever sa plaque de conseillère d'orientation clouée sur la porte pour la remplacer par une autre : « Madame Briseuse de rêves ». J'ai ensuite tagué sur sa porte, au marqueur noir : *Quand on te donne la responsabilité d'accompagner l'envol, couper les ailes est un crime contre l'humanité.*

RÈGLE KARMA N° 25

Priver le monde de sa lumière est un crime contre l'humanité.

Un jour, Claire, ma prof de français, m'a grillé. J'étais souvent en avance en cours, je me mettais au fond de la classe, écouteurs dans les oreilles, avec en boucle « *Chief Rocka* », de Lords of the Underground. Tranquille, j'écrivais mes poèmes à l'abri des regards. Un matin, je ne la vois pas arriver derrière moi, et là elle prend une feuille au passage avant que je puisse réagir. Je me souviens encore de sa tête quand elle m'a lu. Elle m'a demandé si quelqu'un m'avait aidé à écrire tout ça. J'ai dit que non.

Le regard qu'elle posait sur moi jusqu'à présent commence à changer : la tête brûlée écrit des quatrains… Elle n'en revient pas. Je lui explique que je lis énormément depuis des années, et que je m'imprègne de toute cette matière, qui nourrit mon écriture, en modélisant les figures de style des grands auteurs. D'une certaine manière, je crois que c'est ce qui la pousse à me prendre sous son aile. Selon elle, j'ai les capacités pour devenir excellent en français. Elle me propose de m'aider et me conseille de lire le dictionnaire. Au début, je ne suis vraiment pas chaud. Je sais que quelque chose me retient. Pour la première fois de ma vie, j'expérimente une peur plus puissante encore que la peur d'échouer : la peur de réussir, la peur de briller, la peur d'être le meilleur, la peur d'être beau. Je n'en reviens pas, je suis tétanisé.

Ma prof, intelligente, comprend très bien ce qui se joue pour moi : « Chaque élève dans cette classe peut devenir un Van Gogh, un Marc Aurèle ou un Mohammed Ali, chacun dans son domaine. Tu connais Martha Graham ? Elle disait : “Vous êtes unique au monde et votre expression vous appartient. Si vous lui bloquez la voie, elle n'existera jamais à travers qui que ce soit d'autre ; elle sera perdue. Le monde vivra sans elle. Il ne vous appartient pas de juger de sa qualité, ni de la comparer à d'autres expressions. Votre devoir est de lui laisser la voie libre.” S'il te plaît, Steve, tu as cru au Père Noël pendant des années, tu peux bien croire en toi pendant six mois ? »

RÈGLE KARMA N° 26

« Tu es unique au monde et ton expression t'appartient. Si tu lui bloques la voie, elle n'existera jamais à travers qui que ce soit d'autre ; elle sera perdue. Le monde vivra sans elle. Il ne t'appartient pas de juger de sa qualité, ni de la comparer à d'autres expressions. Ton devoir est de lui laisser la voie libre. »

Claire devient mon mentor. Je lis en entier le dictionnaire, la « mère de tous les livres », comme elle l'appelle. Je sens qu'elle me lance un défi. Elle ne s'attend pas à ce que je le relève. Je le fais. Je dévore les définitions, j'enrichis mon vocabulaire, je reste avec elle après les cours : elle m'apprend à compter les syllabes dans mes textes, elle me fait lire Bourdieu et Baudrillard, me fait même découvrir les haïkus, ces petits poèmes japonais visant à célébrer l'évanescence des choses.

Dans ma classe, il y a une fille blonde et un peu ronde qui bat tout le monde dans n'importe quelle matière. Elle a le profil d'une déléguée de classe, elle est toujours au premier rang et reçoit les meilleures notes à chaque contrôle. Le jour d'un contrôle de français, elle a la confiance des premiers, elle ne se méfie pas de l'outsider, ce mec qui n'a aucun pouvoir, celui qui monte les marches en rampant parce qu'il lui manque une jambe depuis sa naissance, le mec qui a une patience infinie, qui veut cumuler ses dix mille heures comme d'autres veulent cumuler des millions en actions et en obligations. À la distribution des notes, Claire a l'habitude de commencer par le dernier et, en général, c'est moi qui m'y colle. Ce jour-là, quand elle commence, tout le monde se tourne vers moi, mais rien… Et ça continue. On arrive à la deuxième place, et c'est le nom de la première de la classe qui sort. Enfin, elle annonce le premier, et c'est moi.

Le cancre du fond de la classe termine premier. La première rougit, fond en larmes, se met dans tous ses états et finit par demander à sortir de la classe. Elle avouera à une de ses amies que ce qui la tue, ce n'est pas d'avoir été battue, c'est de l'avoir été par l'abruti, le cancre, le mec qui a un vocabulaire de quarante mots et qui ne sait rien dire de plus que « Tu vois ? » et « Ah ouais ? ». Je comprends alors qu'elle s'est toujours reposée sur son talent, qu'elle n'a jamais eu d'adversaire. Elle s'est contentée de sa place de première, partant du principe qu'elle la garderait toujours. Une sorte de Superman à la puissance innée. Dans son combat contre Batman[1], ses pouvoirs affaiblis par la kryptonite, c'est Batman qui prend le dessus. Il n'a pas de super-pouvoir. C'est dans les ténèbres qu'il trouve sa solution, sa force, sa lumière. Batman ne fait pas partie des espèces les plus fortes, ni les plus intelligentes, mais de celles qui s'adaptent le mieux aux changements.

RÈGLE KARMA N° 27

Les espèces qui survivent ne sont pas les espèces les plus fortes, ni les plus intelligentes, mais celles qui s'adaptent le mieux aux changements.

Je vais vous raconter une histoire vraie. Un jour, un petit garçon rentre de l'école et donne à sa mère une lettre rédigée par son professeur. Il ne sait pas ce qu'elle contient. Sa mère la lit et se met à pleurer. Le garçon demande pourquoi. « C'est extraordinaire ! Cette lettre est vraiment incroyable, je vais te la lire : "Votre fils est un génie. Cette école est trop petite pour lui et nous

1. Film de Zack Snyder, *Batman* vs *Superman. L'Aube de la justice*, Warner Bros., 2016.

n'avons pas d'assez bons enseignants pour l'instruire. Veuillez le faire vous-même." » Le petit reste bouche bée. Sa mère le prend dans ses bras : « C'est fantastique. Sois rassuré mon fils. Tu vas rester ici et je t'aiderai dans ton apprentissage », lui dit-elle.

Le gosse grandit, fait son chemin. Il possède déjà un vrai petit laboratoire de chimie dans le sous-sol de la maison de ses parents. Devenu adulte, il invente deux ou trois petits trucs : l'ampoule électrique, le phonographe, le télégraphe, la caméra, etc. Ce gamin, c'est Thomas Edison[1]. Après le décès de sa mère, en triant ses affaires, il retrouve la fameuse lettre de l'école : « Votre fils est nul ! Il est déficient ! On détecte chez lui une maladie mentale. Nous n'autorisons plus votre fils à revenir à l'école. » Thomas Edison pleure pendant des heures et écrit dans son journal : « Thomas Edison était un enfant nul et déficient qui, grâce à une mère héroïque, est devenu le génie du siècle. »

En 1968, les psychologues Rosenthal et Jacobson décident de mener une expérience qui prouve que les préjugés d'une personne sur le comportement d'une autre deviennent des « prophéties à réalisation automatique ». Ils se rendent alors dans une école publique élémentaire du nom d'Oak School, à San Francisco. Ils prennent une classe au hasard et font passer une

1. Thomas Alva Edison (1847-1931) est un inventeur, un scientifique et un industriel américain. Fondateur de la General Electric, l'une des premières puissances industrielles mondiales, il est un inventeur prolifique (plus de 1 000 brevets). Pionnier de l'électricité, diffuseur, vulgarisateur, il est également l'un des inventeurs du cinéma et de l'enregistrement du son.

batterie de tests intellectuels à tous les élèves. En début d'année, ils annoncent aux professeurs la liste des élèves retenus comme étant précoces, moyens, limités. De ce fait, Rosenthal et Jacobson créaient chez les professeurs une « attente » concernant les futurs progrès des élèves : une attente positive, pas d'attente ou une attente négative. Ce que les enseignants ne savent pas, c'est que la liste est fausse et que les noms des élèves ont été mélangés. Au début du troisième trimestre, les deux psychologues font passer aux mêmes élèves un nouveau test de performance équivalent afin de mesurer la progression par rapport à celui du début d'année. Les résultats sont sans appel : une grande partie des élèves considérés comme précoces ont progressé de manière significative quand tous les autres ont régressé. Il ne s'agit pas de magie mais de la force que peuvent avoir les attentes sur le comportement.

L'effet Rosenthal et Jacobson, rebaptisé « effet Pygmalion », désigne le mécanisme selon lequel le jugement que l'on porte sur une personne (y compris sur soi-même) conditionne son comportement, ses résultats. Les attentes et croyances sur le comportement de quelqu'un (y compris soi-même) modifient donc son évolution. Pour le sociologue américain William Isaac Thomas, « si les hommes définissent des situations comme réelles, alors elles sont réelles dans leurs conséquences ». Les comportements des individus s'expliqueraient ainsi par leur perception de la réalité et non par la réalité elle-même. L'effet Pygmalion est une forme de prophétie autoréalisatrice comme celle qu'a connue Thomas Edison, par exemple. Ainsi, le simple fait de montrer à quelqu'un que l'on croit en sa réussite (ou, au contraire, que l'on n'y croit pas) influence ses probabilités de succès (ou d'échec), surtout si l'on exerce une forte influence sur cette personne. L'effet placebo est un exemple type de prophétie autoréalisatrice. Il contribue à la guérison d'une personne à condition qu'elle croie en sa guérison et au traitement qui lui est proposé par un médecin. Au contraire, si vous répétez à un enfant qu'il est nul en maths, il est fort probable qu'il devienne effectivement mauvais en mathématiques : c'est l'« effet Golem ». Serait-il devenu nul en maths si vous lui aviez répété qu'il était un génie des chiffres ? Nos croyances constituent un ensemble de prophéties autoréalisatrices ou autodestructrices. Vous avez déjà fait l'expérience de ces prophéties. Si vous vous réveillez un matin et pensez, sans raison, que ce jour sera un mauvais jour, votre attitude et votre comportement peuvent faire de vos prédictions une réalité. Vous portez votre attention sur le négatif, en ignorant les aspects positifs et vous vous comportez de telle manière que vous finissez par passer une mauvaise journée. Par contre, si vous vous attendez à passer une journée agréable, elle le deviendra. Maintenant, imaginez que vous allez rencontrer votre nouveau collègue dont on dit qu'il est réservé mais agréable et votre nouveau patron dont on dit qu'il est souvent de mauvaise humeur, rarement aimable. Votre attente d'une rencontre agréable de votre collègue peut en effet la rendre agréable : vous êtes détendu, vous avez envie de sympathiser, vous respectez le fait qu'il soit réservé, vous confirmez le fait qu'il est sympathique. Lorsque vous allez à la rencontre de votre patron, vous vous attendez à passer un mauvais moment : vous êtes déjà sur la défensive avant même d'être face à lui, vous interprétez ses paroles comme des jugements, vous vous méfiez. Si vous ne faites pas attention, les dés sont joués avant même qu'une relation soit mise en place. Pourtant, en traitant quiconque comme quelqu'un qui a un fort potentiel, il a plus de chances de se déployer : le laisser s'épanouir, l'encourager lui permet de se développer. C'est une façon de faire appel à sa responsabilité : il est acteur de son devenir. Traitez les gens comme s'ils étaient ce qu'ils devraient être et vous les aiderez à devenir ce qu'ils devraient être.

RÈGLE KARMA N° 28

Traite les gens comme s'ils étaient ce qu'ils devraient être et tu les aideras à devenir ce qu'ils devraient être.

Certes, nous n'avons aucun moyen de savoir ce que serait devenu Edison si sa mère n'avait pas accompli cet acte extraordinaire, mais nous pouvons tirer des enseignements de cette histoire. Tout d'abord, chacun de nos gestes, chacune de nos paroles peut faire la différence pour quelqu'un de proche ou de moins proche. Ensuite, le pouvoir de l'optimisme et de la possible connotation positive que nous choisissons de donner aux événements est extraordinaire. Certains chercheurs se sont penchés sur la question. Le chercheur en psychologie Martin Seligman et le professeur de psychiatrie et d'addictologie à l'université Paris VII Michel Lejoyeux, pour ne citer qu'eux, ont observé les effets bénéfiques de l'optimisme sur le corps, la santé, la sociabilité, la capacité de résilience et même la longévité.

Voici neuf des bénéfices de l'optimisme identifiés par Michel Lejoyeux :

• Être plus apprécié en société.

• Avoir plus de chances de se marier et moins de risques de divorcer.

• Avoir un plus grand nombre d'amis prêts à nous aider : une personne pessimiste, vous l'aidez une fois, deux fois, puis vous arrêtez.

• Être plus productif dans son travail.

• Faire plus facilement face aux épreuves.

• Avoir un système immunitaire plus performant.

• Être en meilleure forme physique.

• Mieux se nourrir.

• Vivre plus longtemps.

Il y a quelques années, j'ai lu l'histoire hors du commun de Milton Erickson[1], qui m'a fasciné. À 12 ans, alors qu'il consulte le dictionnaire, il pousse une excla-

1. Milton Hyland Erickson (1901-1980) est un psychiatre et psychologue américain. Son approche innovante en psychothérapie repose sur la conviction que le patient possède en lui les ressources pour répondre de manière appropriée aux situations qu'il rencontre.

mation. Ses camarades se retournent. En toute innocence, il s'écrie : « Le dictionnaire est dans l'ordre alphabétique, je n'avais jamais remarqué ! » Évidemment, tout le monde le prend au pire pour un idiot, au mieux pour un enfant dans la lune. Erickson était daltonien, dyslexique et avait des difficultés à reconnaître les sons.

À 17 ans, Milton est atteint de la polio. Allongé sur son lit, il crée une méthode de concentration mentale sur un mouvement minimal, recommençant sans cesse mentalement le même mouvement. Ce sont les prémices de l'hypnose ericksonnienne : son corps a effectivement la polio mais s'il le ramène dans le passé, quand il était sain, il doit pouvoir lui faire croire qu'il n'est pas malade. Il pourra alors surmonter la maladie et courir à nouveau. À mesure que les forces reviennent, il saisit toutes les occasions pour faire fonctionner un nombre croissant de muscles. Il apprend à marcher avec des béquilles, puis à conserver son équilibre sur une bicyclette. Il fait tout seul une randonnée en canoë qui dure tout un été avant d'entreprendre ses études de médecine.

Aucun médecin n'y a cru. Pensez-vous ! Un enfant à moitié paraplégique qui, à 12 ans, n'avait toujours pas compris que le dictionnaire était dans l'ordre alphabétique… La direction est plus importante que la vitesse.

RÈGLE KARMA N° 29

La direction est plus importante que la vitesse.

CHAPITRE 5

TRAGÉDIE OU STRATÉGIE (LES TROIS PETITS COCHONS)

Le parking glauque et sombre d'une boîte de nuit fréquentée par les mecs des cités de La Défense et des environs. Ici, à défaut de la morale la plus élémentaire règne la loi de la rue. Avec quelques potes, on s'est abrités dans une cage d'escalier, près d'un vieux lampadaire qui pue l'urine. Un pote me tend l'un de ses écouteurs. « *Running Away* », de Bob Marley : « *Ya running and ya running, But ya can't run away from yourself, Can't run away from yourself.* » Il pleut depuis des heures, il fait froid et on s'apprête à continuer la soirée ailleurs. À quelques mètres de nous, un groupe de lascars fait un boucan de tous les diables. Ils fument, boivent et s'amusent à balancer des tessons de bouteilles contre un conteneur à ordures. Je les connais de vue. J'ai relevé la capuche de ma parka et remonté mon écharpe, on ne voit pratiquement plus mon visage mais moi, je vois tout ce qui se passe autour. Au moment où on va partir, j'aperçois une fille qui sort brusquement par une porte de secours. Tête baissée, vêtements en vrac, elle titube, finit par tomber et vomit. Je me dis qu'elle doit être bourrée. Elle relève la tête. Elle est pâle comme la mort. Les traits de son visage sont creusés. Elle lance des yeux hagards vers le groupe de mecs. D'un coup, leurs rires s'arrêtent. Pendant cinq ou six secondes, un silence bizarre s'abat sur eux, on entend juste la pluie qui tape contre les vitres des voitures. Le silence, encore lui. Soudain, un des types pousse un hurlement, comme si on venait de le fracasser avec une batte de baseball. Je le vois s'effondrer au sol, plié en deux. Des cris étranglés sortent de sa gorge. Avec mes potes, on ne comprend pas. Il n'y a pas eu de bagarre, rien de spécial à part l'arrivée de cette fille qui n'a pas l'air très nette. D'ailleurs, elle se barre en courant. On n'a pas envie de se mêler à tout ça. On s'éloigne. Le mec hurle à la mort, les flics vont certainement débarquer.

On apprendra plus tard que la fameuse fille s'est retrouvée victime d'une « tournante », une pratique innommable qui, à l'époque, ne faisait pas encore les choux gras de la presse. Elle est passée entre les mains des types du parking : ils l'ont serrée dans la pénombre du sous-sol de la boîte, lui ont arraché ses vêtements et l'ont violée les uns après les autres, sans même voir son visage. Quand elle est sortie, elle les a recroisés avant de se tirer en courant. Le mec qui s'est effondré l'a reconnue. C'était sa sœur.

L'histoire a fait le tour du quartier, évidemment. On en cause un bout de temps sur les marches de la cage d'escalier du quatorzième étage de la tour C. Un jour, on est une dizaine à traîner sur ces marches. On reparle de l'affaire en question. Un mec lance : « Le karma est une pute. » Quand il dit ça, je pense à ma vie, à mon père, à l'armée, à la prof de français, au train de retour de l'armée, au *kintsugi*, à Ōyama…

Là, un sourire se dessine sur mes lèvres. Je fixe mon pote et réponds : « Le karma n'est ni bon ni mauvais, il est neutre. Il ne veut ni ton bien ni ton mal, il veut que tu aies le choix. Mon ami, le karma n'est pas une pute, c'est un miroir. »

RÈGLE KARMA N° 30

Le karma n'est pas une pute, c'est un miroir.

*

Le battement d'ailes d'un papillon au Brésil peut-il provoquer une tornade au Texas ? Lors d'une conférence de météorologie, Edward Lorenz évoque l'« effet papillon » pour la première fois en tant que succession d'événements dont chacun a une influence sur le suivant, quelle que soit l'importance de l'événement. Il présente les résultats de ses recherches : une infime variation dans les paramètres de départ peut provoquer des changements radicaux dans le comportement d'un système. C'est une réaction en chaîne comparable à l'effet domino. La moindre de vos décisions a un impact sur l'ensemble de votre vie, la moindre des expériences également. Nos actes dépendent de relations de cause à effet.

Connor a grandi à Dorchester. Son rêve était d'être pompier. Il avait une prof, Mackenzie, qui l'a suivi pendant une grande partie de sa scolarité. Elle appréciait

Connor mais trouvait dommage qu'il ait pour seule vocation de devenir pompier. Elle lui répétait sans cesse : « Pourquoi tu ne préfères pas devenir médecin ou avocat ? Tu ne peux pas vouloir être pompier ! C'est dangereux et mal payé ! Quel intérêt ? Pourquoi tu veux mettre ta vie en péril pour quelques livres sterling ? » Connor ne comprenait pas pourquoi elle ne le soutenait pas dans son rêve. Quelques années plus tard, il réussit brillamment ses études, sans jamais oublier son rêve. Il intègre le Greater Manchester Fire and Rescue Service, service d'incendie et de secours du comté métropolitain du Grand Manchester, en Angleterre. Une nuit, à 4 heures du matin, le signal d'alarme retentit dans la caserne : un immeuble de dix étages est en feu à Northern Quarter, un quartier proche. À l'arrivée de Connor et de l'équipe, le feu s'est déjà propagé. Ils parviennent au dixième étage et font évacuer tout le monde. Connor est face à la dernière porte, plus difficile d'accès à cause des flammes. Il entend des hurlements. Il pénètre dans l'appartement et y trouve une vieille femme rousse apeurée, allongée dans sa baignoire remplie d'eau. Il la prend dans ses bras et sort du bâtiment. Quand ils sont tous les deux sains et saufs, Connor la regarde dans les yeux et reçoit une décharge : c'est sa prof. Il retire le casque et le masque à oxygène qu'il portait encore. Elle s'effondre. Juste retour de balancier : quinze ans après, il lui sauve la vie.

*

KPMG est un réseau international de cabinets d'audit et de conseil exerçant dans cent cinquante pays. C'est l'un des trois plus grands cabinets d'audit et de conseil au monde, ceux qui connaissent tout, à la virgule près, du monde de la finance. Le karma est le KPMG de l'univers, il fait un audit de chacune de tes actions et sort un rapport annuel. Pour faire simple, chaque action est le résultat d'une cause qui trouvera sa conséquence dans le futur. L'effet papillon, l'effet cumulé, le résultat de votre pratique délibérée, vos pensées, vos émotions et vos actions constituent un tout et créent une signature énergétique, une onde scalaire dans le champ quantique : chaque acte est un bulletin de vote pour devenir la meilleure ou la pire version de vous-même. Montrez-moi ce que vous faites chaque jour et je vous dirai pour qui vous votez.

RÈGLE KARMA N° 31

Chaque acte est un bulletin de vote pour devenir la meilleure ou la pire version de soi-même.

Pendant une période de ma vie, je passais énormément de temps à réfléchir. J'aimais m'asseoir sur un banc et simplement observer les gens qui allaient et venaient devant moi. Un jour, je suis posé et un type de mon quartier s'installe à côté de moi en brandissant fièrement le CD qu'il vient d'acheter. C'est un album de rap et moi, le rap, j'y connais strictement rien. Il se fout de moi : « Comment ça, t'y connais rien ? C'est la *lose*, ça, cousin ! Viens, je t'explique. » On passe plus de deux heures dans ma piaule. Le mec, un académicien du rap, me fait un cours magistral. Il m'apprend tout, me transmet tout ce qu'il sait : New York, L.A., les Bloods, les Crips, les *battles* entre gangs, Public

Enemy, EPMD, Afrika Bambaataa, les albums à acheter, ceux à traduire… Il me donne tant de matière qu'il me faudra presque deux ans pour en extraire tout le nectar. Quand on se quitte, un frisson familier me parcourt l'échine. J'observe l'ensemble des possibilités infinies qui s'offre à moi sur le moment et n'en choisis qu'une seule, le rap. Les morceaux du puzzle commencent à prendre forme : mon écriture, la prof de français, mes carnets emplis de textes archéologiques, tout ce qui m'est arrivé n'était conçu que pour me préparer à ce qui m'attend… Une petite flamme s'allume, et avant qu'un vent ne l'éteigne, je souffle dessus pour en faire un feu de forêt. Au programme : découvrir les arcanes de ce milieu au travers des quelques livres importés dans de rares librairies parisiennes, écouter des instrumentaux dans mon Walkman et apprendre à poser mes textes dessus et, enfin, former un groupe pour que la motivation intrinsèque soit cumulée avec l'énergie cinétique de celle des autres membres du *crew*.

Dans ma quête, je retrouve un pote qui est lui aussi de retour de l'armée et qui habite dans une cité voisine. Il m'apprend qu'il fait partie de Black Dragons Juniors, le gang de chasseurs de skins, « un groupe monté dans les années 1980 pour répondre à la montée du racisme. Le *crew* a été créé par Yves Madichon – ou Yves Le Vent. Dans la mesure où l'affirmation de l'identité noire s'appuie sur la lutte pour l'égalité des droits, alors les Black Dragons s'inscrivent dans ce combat. C'est aussi une communauté (il n'y a pas d'histoire de religions entre Black Dragons – on était catholiques, musulmans, peu importe) et une philosophie basée sur les arts martiaux, une façon de voir le monde : avancer la tête haute, refuser de se faire marcher sur les pieds. La notion de gang s'est manifestée avec le temps[1] ».

On est en plein dans la période des *battles* de rap et, ayant développé un fort potentiel dans ce domaine, je pourrais leur être très utile. Mon pote décide de me faire rencontrer un des chefs du gang. C'est comme ça que je me retrouve dans un parking souterrain de La Défense, face à deux types complètement défoncés au shit et au whisky qui commencent à m'insulter et à me provoquer en *battle*. L'un des deux ouvre le round avec un rap truffé d'insultes envers les Blancs, de provocations et de *punchlines* contre lesquelles je ne peux pas riposter, sinon ça finirait en vrai ring de boxe.

Ils ne le savent pas encore, mais rien n'aurait pu me faire plus plaisir ce soir-là. Ce sont les instruments au service du karma : ils me fournissent la forte bourrasque qui transporte les quelques braises au cœur de la forêt qui s'embrase. À force de persévérance, de rencontres et d'entraînement, je finis par intégrer le groupe des Black Dragons Juniors et j'hérite du surnom de « Nègre blanc » car, comme le dit Steevie, un des membres : « T'es un Nègre à l'intérieur, et un Blanc à l'extérieur, contrairement à plein de Négros qui sont noirs dehors et blancs dedans. » Me voici de nouveau au sein de la Ligue des Ombres, de la branche dealers, cambriolages et braquages. On ne me demande

1. Interview de Patrick Lonoh, *aka* Docteur Clean. https://www.vice.com/fr/article/3bg4vv/jetais-un-black-dragon-893. Michel Patrick Lonoh, *J'étais un Black Dragon. Histoire d'un militant noir en France*, L'Harmattan, 2015.

pas de faire mes preuves, c'est comme ça : tu montes sur un plan, tu fais comme tout le monde. J'ai quitté l'armée, j'en ai quand même gardé une rigueur imperturbable, une gestion du stress de démineur et cette résistance aux horaires et aux rythmes de travail difficiles que la plupart des jeunes de mon âge sont très loin d'avoir. Pour autant, je n'ai pas de boulot. Je tombe dans un rythme de vie qui ne mène nulle part. Je traîne, je me lève à midi. Je narcotise.

La narcotisation, c'est un loisir pour certains. Pour d'autres, c'est leur activité principale. Elle consiste à remplir le vide abyssal de leur vie par des activités au mieux futiles, au pire parfaitement inutiles à leur progression et à celle du monde. Pour la plupart des gens, cela prend la forme de comportements ritualisés : passer ses soirées devant Netflix à regarder *Game of Thrones*, par exemple (en moyenne, les Français restent 3 h 42 par jour devant la télé), ou passer des heures à parler d'une idée ou d'un projet sans jamais les concrétiser. On se vide ainsi progressivement de son énergie et on n'en a plus une goutte à investir dans la mise en œuvre d'un vrai projet de vie. On ne réfléchit plus et on se laisse porter par un quotidien qui nous pèse. En bref, toutes ces activités nous évitent de se retrouver seul face à soi-même et aux questions existentielles qui nous traversent tous : est-ce que je fais vraiment ce pour quoi je suis fait ou est-ce que je passe complètement à côté de ma vie ?

Quand tu narcotises, tu es comme un hamster dans sa roue : tu tournes, tu tournes, tu tournes, sans départ ni arrivée. De temps en temps, tu vas manger une ou deux graines, boire un peu et dormir quelques heures. Et puis tu retournes dans la roue, dans la cage de ton existence. La narcotisation encourage la paresse en t'évitant d'être présent et éveillé. Albert Einstein disait : « La folie, c'est de faire toujours la même chose et d'espérer un résultat différent. » Le seul remède, c'est de changer complètement ton schéma de fonctionnement, parce que si tu te contentes de changer la roue de place ou d'en acheter une plus grande et plus belle chez Ikea, tu ne résoudras pas le problème, au contraire : ce serait comme ranger les chaises sur le *Titanic* alors qu'il est en train de couler ! L'objectif, c'est de sortir de la roue et de brûler la cage. Faire plus de choses qui ne fonctionnent pas ne produit qu'une chose : plus de dysfonctionnements.

RÈGLE KARMA N° 32

Faire plus de choses qui ne fonctionnent pas ne produit qu'une chose : plus de dysfonctionnements.

Une nuit, j'étais dans le RER avec mon pote Steve. Même prénom, couleur de peau différente. À l'époque, on était inséparables et on avait une distraction qu'on kiffait particulièrement : s'incruster dans des soirées parisiennes. Notre stratégie était simple : on rôdait dans les quartiers chics de la capitale jusqu'à ce qu'on repère un immeuble avec une fenêtre ouverte, un balcon rempli de gens qui fument et de la musique jusque dans la rue. On se plaçait en bas de l'immeuble et on criait aux gens sur le balcon, en leur souriant : « Hé ! Allez chercher Nicolas ! Il nous attend ! » L'humain faisant souvent les choix les plus faciles,

les gens du balcon n'allaient jamais chercher le Nicolas en question et finissaient par nous ouvrir. Ça marchait presque à tous les coups, surtout quand on arrivait assez tard pour que tout le monde soit bourré. Sur place, la règle était de ne pas rester ensemble : l'un partait dans la cuisine, l'autre dans le salon. On savait bien qu'en faisant tourner un joint on se ferait des potes. Quand l'hôte de la soirée sortait de la chambre de ses parents, où il venait de se taper une nana parce que ses vieux s'étaient barrés pour la soirée, on avait déjà sympathisé avec les trois quarts des invités. Le gars tentait de nous virer, mais ce jeune César devait composer avec la foule et, sous le poids des « Vas-y, laisse-les, ils sont trop cools » et des « Arrête de faire le relou, toi aussi », il levait le pouce et la soirée repartait. Pas un euro en poche, pas de vêtements de marque, et pourtant les deux mecs du ghetto finissaient leur samedi soir sur la terrasse d'un penthouse dominant tout Paris, petits fours à portée de main. Ça nous faisait marrer et ça nous réjouissait. On reprenait ensuite notre RER pour rentrer, satisfaits.

Une nuit, dans le dernier RER, Steve et moi on est assis l'un en face de l'autre, la tête collée contre la vitre. On partage nos écouteurs pour écouter « *Nas I Like* », de Nas : « *I'm like a street sweeper, greenleaf reaper, Like Greeks in Egypt, learning something deep from they teachers.* » Une légende vivante de la Ligue assis quelques sièges plus loin nous aperçoit et vient nous saluer : « Alors, ça fait quoi, la jeunesse ? » On lui raconte qu'on revient d'une soirée dans le 16e où on a mangé du caviar béluga et bu du jus de goyave fraîchement pressé par un serveur aux gants blancs. L'ancien nous écoute, les yeux ronds.

— Hé, les frères siamois, là, nous lance-t-il, vous êtes complètement à la masse ! Vous gaspillez votre intelligence à faire des trucs comme ça, alors que vous pourriez l'investir dans de vrais trucs utiles ! Vous connaissez l'histoire des Trois Petits Cochons du ghetto ?

On le regarde avec de grands yeux ronds.

— Je vais vous raconter ma version, poursuit-il. Dans mon histoire, il y a trois types. Le premier habite dans une favela brésilienne, le deuxième habite dans les ghettos de Dakar, au Sénégal, et le troisième, lui, vit dans une des pires cités de France. Le premier se nomme Esteban, ne fait rien à l'école et passe ses journées à traîner et à fumer du shit. Il finit manutentionnaire et construit une maison en paille parce qu'il n'a pas une thune. Quand le loup arrive, il ne peut rien faire pour se protéger. Le deuxième type se nomme Ibrahim, il travaille un peu mais se repose beaucoup sur ses lauriers. Il reste toujours dans la moyenne, choisit les trucs les plus faciles et finit par se construire une maison en bois un peu pourrie qui s'enflamme à la moindre allumette. Le troisième type s'appelle Steve. C'est la force tranquille, vous voyez. Il travaille dur dans son coin. Il utilise ses capacités pour faire de vrais trucs qui font la différence, vous comprenez. Pendant que les autres construisent leur vie à la va-vite, il choisit la douleur de la discipline plutôt que la facilité de la distraction. Pas de TV, pas de boîtes, pas de petite copine, pas de bande, il n'a pas le temps pour ça. Il a un empire à bâtir. Un empire intérieur et ensuite un empire extérieur. Le mec sait qu'il en a pour dix ans, et il sait aussi que dans dix ans, il aura un manoir en brique qui résiste aux loups et au reste. *Easy choices, hard life. Hard choices, easy life*[1].

RÈGLE KARMA N° 33

« Easy choices, hard life. Hard choices, easy life. »

1. « À choix faciles, vie difficile. À choix difficiles, vie facile. » Jerzy Gregorek, champion olympique d'haltérophilie.

CHAPITRE 6

GHOSTBUSTERS

Dans le blockbuster américain *SOS Fantômes* (*Ghostbusters*), datant des années 1980, une drôle d'équipe de chasseurs de fantômes combat des petits et des grands poltergeists[1] à New York. Tous se lancent à leur poursuite dans une vieille Cadillac et les déglinguent avec des fusils laser hyper puissants. On se trimballe tous avec au moins trois poltergeists dans la tête qui nous poussent à faire des choses peu reluisantes.

- Le premier nous amène à faire des choses qui nous sont nuisibles : « C'est bon, fume-la, cette clope, fais-toi plaisir, il faut bien mourir de quelque chose ! »
- Le deuxième nous invite à repousser ce qui nous serait bénéfique : « Ce n'est pas grave, fais-le demain, prends ton temps, ça va aller. »
- Le troisième nous encourage à l'autocritique permanente et hyper sévère : « Tu as vu ce que t'as fait ? Pourquoi tu fais ça ? Pourquoi tu dis ça ? »

1. Phénomènes paranormaux.

Ces trois poltergeists sont capables de faire des dégâts monumentaux dans notre tête et dans notre vie. Ce sont des virus qui ralentissent nos cerveaux. Ce sont des croyances. Le pire, c'est qu'ils sont généralement accompagnés par quatre autres petits fantômes qui entretiennent des mythes dans notre rapport au monde. Eric Berne, psychiatre américain fondateur de l'analyse transactionnelle[1], a identifié quatre mythes qui guident notre vie et handicapent nos relations avec nous-même et les autres :

1. J'ai le pouvoir de rendre les gens heureux.

2. J'ai le pouvoir de rendre les gens malheureux.

3. Les gens ont le pouvoir de me rendre heureux.

4. Les gens ont le pouvoir de me rendre malheureux.

Ces mythes – ou croyances – sont très, très profonds et ancrés. Ils poussent les gens à s'imaginer que leur bonheur vient de l'extérieur : de telle personne, de telle profession, de tel environnement, de telle situation

---

1. En psychologie, l'analyse transactionnelle ou AT est une théorie de la personnalité, des rapports sociaux et de la communication. Créée en 1958 par le psychiatre et psychanalyste Eric Berne, elle postule trois « états du Moi » (Parent, Adulte, Enfant), étudiant les phénomènes intrapsychiques à travers les échanges relationnels, ou « transactions », de deux personnes ou plus. L'AT part du principe que chaque personne est fondamentalement positive et que ce sont les décisions prises dans l'enfance qui influent sur le comportement. Son but est d'aider à reprendre le contrôle pour s'épanouir.

matérielle. Croire à ces mythes, c'est jouer à des jeux psychologiques malsains envers soi-même et envers autrui. Je peux inviter l'autre à être heureux, mais je n'ai pas le pouvoir de le rendre heureux. La nuance est primordiale : elle rend à chacun sa part de responsabilité, d'où l'importance de passer ces mythes au crible et de briser les idoles qui doivent l'être. Stephen Karpman, élève d'Eric Berne, s'est inspiré de ces mythes pour modéliser le fameux triangle dramatique (appelé « triangle de Karpman »). C'est un scénario pratiqué inconsciemment, qui peut se répéter tout au long de la vie s'il n'est pas conscientisé. Ce jeu psychologique est un système de comportements si habituels qu'ils en paraissent naturels. Les partenaires d'un échange se manipulent eux-mêmes et l'un l'autre. Ce scénario nous offre le choix entre trois positions limitantes et inconfortables que nous pouvons endosser à tour de rôle :

- **Être une victime :** la victime se sent impuissante et irresponsable. Elle espère que quelqu'un viendra la soulager de son mal-être. En endossant ce rôle, la victime cherche à dominer en apitoyant autrui (« Je suis faible et on doit m'aider »).

- **Être un persécuteur :** il fait souffrir autrui pour tenter de canaliser ses propres peurs et douleurs. Il tente de s'imposer ouvertement (« Je dois leur dire comment il faut être et agir car je sais et j'ai raison »).

- **Être un sauveur :** il vole au secours d'autrui (même quand autrui n'a rien demandé) pour son propre bien (parfois au détriment de celui d'autrui). Il cherche à dominer en se rendant indispensable (« Les autres sont faibles, je dois les aider »).

Ces trois postures entrent directement en relation avec les mythes définis par Eric Berne :

- **Premier mythe : « J'ai le pouvoir de rendre les gens heureux » (sauveur en recherche de victime).**

  On ne peut pas faire le bonheur des autres contre leur gré. Quand vous avez la velléité de sauver une personne alors qu'elle n'est pas prête à grandir et n'a pas envie d'être sauvée, le résultat sera nocif, pour elle comme pour vous. Le mieux, c'est de la laisser là où elle en est. Si l'autre n'est pas heureux, c'est peut-être qu'il a choisi de ne pas l'être, consciemment ou inconsciemment.

- **Deuxième mythe : « J'ai le pouvoir de rendre les gens malheureux » (persécuteur en recherche de victime).**

  Nous avons tous, à un moment ou à un autre de notre vie, consciemment ou inconsciemment, fait du mal à quelqu'un, mais aucun de nous n'a le pouvoir de rendre l'autre malheureux, sauf si l'autre décide effectivement de l'être. Cette responsabilité ne nous incombe pas.

- **Troisième mythe : « Les autres ont le pouvoir de me rendre heureux » (victime en attente d'un sauveur).**

Si vous voulez rester en mode avion toute votre vie et attendre qu'un miracle vous sauve de votre impasse, alors ce mythe est fait pour vous. Si vous voulez cesser d'être dépendant des autres pour avancer dans votre vie, vous devriez vous concentrer sur la façon dont vous pouvez vous apporter à vous-même ce qui vous aide à vous épanouir. C'est aussi une question de responsabilité : celle d'atteindre ses objectifs sans que cette réussite dépende des autres.

- **Quatrième mythe : « Les autres ont le pouvoir de me rendre malheureux » (victime en attente d'un persécuteur).**

  C'est le mythe invoqué le plus souvent dans les conflits, en particulier dans les divorces. L'autre devient le principal artisan de votre malheur, celui qui vous pourrit la vie. Si vous avez su déconstruire les précédents mythes, vous avez compris que celui-ci est tout aussi faux. Si quelqu'un me dit une parole qui pourrait être blessante, je laisse de côté l'émotion et la tentation de réaction. Il faut savoir que l'autre parle avant tout de lui, de ses propres références, croyances et blessures avant de parler de moi. L'avis des gens, c'est la vie des gens…

Partant de ces constats, Eric Berne définit le bonheur comme dépendant de cinq règles :

1. **Savoir donner :** toute relation commence par un don, quel qu'il soit. Cela n'est pas aussi facile qu'il y paraît. Il s'agit de donner sans générer une dette chez l'autre. Il ne s'agit pas de donner pour être apprécié

car dans ce cas, on donne pour soi et non pour l'autre. Il s'agit de donner sans attente.

2. **Savoir recevoir :** quand nous donnons, nous devrions pouvoir recevoir, en toute simplicité. Savoir recevoir nécessite de savoir dire « merci ». Savoir recevoir, c'est aussi savoir accepter les compliments, les critiques, les cadeaux, l'affection…

3. **Savoir demander :** certains aimeraient recevoir sans avoir à demander. Demander laisse la possibilité d'une réponse négative. Nous devons apprendre à recevoir une éventuelle réponse négative sans la prendre contre soi, à demander quelque chose en laissant notre fierté de côté, par exemple.

4. **Savoir refuser :** refuser, c'est être aligné avec ses valeurs et se respecter. Certains peuvent avoir peur de ne pas être aimés lorsqu'ils disent « non ». Dire « oui » lorsque l'on souhaite dire « non », c'est un manque de respect pour soi.

5. **Savoir se donner à soi-même :** cette règle rejoint le principe d'égoïsme que j'ai déjà évoqué. Avant toute chose, nous avons à apprendre à prendre soin de nous, à nous respecter, à nous faire des cadeaux (des moments de détente, de plaisir…).

RÈGLE KARMA N° 34

**Il y a trois versions pour chaque histoire,
il y a trois chutes pour chaque drame,
il y a trois règles pour chaque jeu.**

Depuis tout petit, un poltergeist me hantait. J'avais une peur bleue : nager là où je n'avais plus pied. J'en voulais à ceux qui se foutaient de moi quand on partait en vacances, j'étais en colère contre tous ces films où les mecs se faisaient bouffer par un requin. Je rêvais d'aller nager au loin mais j'étais pétrifié. Pourtant, c'était moi qui détenais le pouvoir de me rendre heureux, de dépasser ces peurs. Qu'est-ce qui me rendrait heureux ? Ne plus avoir peur. Ou plutôt pouvoir nager sereinement en toutes conditions, même en pleine mer. Que pouvais-je penser, faire pour être heureux ? Inviter ma peur à boire un thé avec moi, admettre que j'ai peur, accueillir cette émotion, la prendre par la main, lui parler avec douceur et la laisser reprendre son chemin, et moi le mien. Le germe de la solution se trouve à l'intérieur du problème. On ne peut fabriquer l'antidote qu'à partir du poison.

RÈGLE KARMA N° 35

On ne peut fabriquer l'antidote qu'à partir du poison.

Quand j'étais en mission humanitaire au Cameroun, on m'a parlé d'un lac, rempli par les eaux de pluie, situé dans le massif du mont Mbapit. Ce lac circulaire, entouré de falaises à pic, occupe le fond du cratère d'un volcan de mille cinq cents mètres de circonférence. Personne ne peut descendre s'y baigner, redoutant d'être attiré au fond par les esprits les plus malveillants. On raconte qu'une fois immergé, vous ne pouvez plus distinguer vos bras tellement l'eau est trouble. Les âmes errantes du lac vous saisissent alors par les chevilles et vous entraînent vers le fond.

J'étais pourtant déterminé à apprivoiser mes peurs. J'y suis allé une première fois. Quand le guide a commencé à nous raconter le coup des esprits, j'ai fait demi-tour. Avec ses croyances, il avait réussi à contaminer mon cerveau comme un virus infiltre un système informatique. Pendant un an, c'est resté dans ma tête. Je voulais y retourner, me prendre par la main, saisir celle de ma peur et dépasser mes croyances limitantes. J'avais fait les commandos et j'étais incapable d'aller me baigner ! Cette trouille était l'objet des pires blagues de ma femme pendant nos vacances. Elle se mettait à l'eau, nageait au large et me lançait : « Alors, le commando, il a la trouille d'aller là où il n'a pas pied ? » Ça la faisait rire aux éclats.

Un an après la première tentative, je repars en mission au Cameroun. Je chauffe les gars de mon équipe pour qu'on y aille tous ensemble. J'avoue que le fait d'y aller à plusieurs me rassurait un peu. On commence à descendre vers le lac. Dans le regard du guide, je vois bien qu'il nous prend pour des malades. Il veut nous avertir, il est terrorisé, il pourrait nous contaminer avec ses peurs. Pour le rassurer, je pose ma main sur son épaule : « Je respecte tes croyances et je ne souhaite pas les entendre. » Le chemin est dangereux, presque raide et quasiment impraticable. Dans les arbres, on entend les cris des singes. Le guide nous a aussi alertés : « Ne les approchez pas, ils vont vous mordre ! » Deux mecs se cassent la gueule, l'un d'eux s'est sérieusement ouvert la cuisse en glissant. Arrivés en bas, on n'est plus que quatre sur huit. Je prends une grande inspiration, j'évite de trop réfléchir et je me mets à l'eau. Elle est verdâtre et semble glacée. Sitôt dedans, j'ai l'impression que mon corps est coupé en deux. Net. Je ne vois plus la partie immergée. Le froid me saisit. Pas le choix, on se met à nager.

On prend le temps qu'il faut et on accélère quand le froid nous tétanise. Pendant la traversée, je m'adresse à ma peur en lui parlant avec douceur, comme à un enfant. Je la reconnais, elle est à côté de moi. Je l'accueille. On économise tous nos forces car le rivage est encore loin. Personnellement, je n'ai qu'une hâte : arriver enfin de l'autre côté. Le problème, c'est qu'il faut revenir. Impossible de remonter par les falaises, une vingtaine de singes a envahi la rive. Seule solution : faire demi-tour.

Le retour est plus simple : ma peur s'est atténuée, mes croyances ont fini par réaliser, une fois dans l'eau, que le danger est potentiel, mais pas réel. Nos peurs sont comme des enfants. On n'essaie pas de convaincre un enfant, on n'essaie pas non plus de déclencher chez lui des prises de conscience, on lui fait réaliser des expériences. Sur les derniers mètres, je me dis que j'ai enfin réussi. Je sors de l'eau en claquant des dents, le corps transi. Je suis heureux. Face à moi, le guide reste bouche bée. « Ce n'était qu'une simple montagne que je devais franchir. Son ascension m'a quand même pris trente-cinq ans », lui dis-je en m'adressant autant à lui qu'à ma peur.

RÈGLE KARMA N° 36

Nos peurs sont comme des enfants.
On n'essaie pas de convaincre un enfant,
on n'essaie pas non plus de déclencher
chez lui des prises de conscience,
on lui fait réaliser des expériences.

Je l'ai fait ! Maintenant… il faut remonter le volcan et la côte est dangereuse. Mes chaussures me font glisser, alors je les quitte. Je dérape sur des rochers, m'accroche aux branches pour ne pas dévaler la pente et… finis les pieds en sang. Tout en haut, les gars nous attendent. À notre arrivée, ils nous acclament, nous prennent dans leurs bras, nous félicitent. Certains explosent de rire, n'en revenant pas. Je suis face au lac qui, vu d'ici, semble minuscule et inoffensif. Ma peur se tient à côté de moi : « Je t'ai vue, je t'ai reconnue, je t'ai accueillie, lui dis-je. Je suis sûr que tu avais une intention positive, sûrement l'envie de me protéger d'un danger. Aujourd'hui, nous avons été dans l'un des endroits les plus dangereux au monde et tout s'est bien passé. Merci pour tout ce que tu m'as apporté. Tu peux reprendre ton chemin. » L'équipe et moi rentrons au village de Foumbot.

Nous avons mérité un bon repas pour fêter ça ! À notre arrivée, la nouvelle s'est répandue comme un feu de paille. Dans les rues, on me montre du doigt.

Des gamins courent autour de la voiture, nous suivent jusqu'au marché, m'entourent quand je descends du véhicule : ils veulent que je leur raconte la traversée du lac maudit. Je rentre dans un petit restaurant de bord de route qui propose de la viande grillée au feu de bois, les gamins collés aux basques. Un vieil homme assis à l'entrée les fait fuir d'un geste de la main. Avec l'âge, ses yeux sont devenus bleuâtres. La peau flétrie de ses mains aux veines saillantes raconte l'histoire d'une vie marquée par le travail aux champs. Son regard reste vif. C'est son fils qui tient la boutique et vient me servir. Le vieux ne me quitte pas des yeux.

— C'est toi qui as traversé les eaux du volcan ? me dit-il.

— Oui… J'avais une maladie dans mon âme, et traverser ce volcan m'a soigné : là, je suis guéri.

Plongeant dans une profonde méditation, il reste pratiquement « absent » pendant trois longues minutes.

— Tu as bien fait, dit-il enfin. Pour toi et aussi pour tes enfants.

— Ah bon ? Quel rapport avec mes enfants ?

Il se tourne vers moi et pose sa main sur la mienne.

— Toute maladie de l'âme que tu ne guéris pas, tu la transmets à tes enfants…

Dans les années 1970, Anne Ancelin Schützenberger, professeure à l'université de Nice, a développé la théorie de la psychogénéalogie. Dans chaque famille, les événements vécus par les membres antérieurs laissent des traces au fil des générations. Ce sont généralement des secrets, conflits, traumatismes vécus par les ascendants d'un sujet qui conditionneraient ses troubles psychologiques, ses maladies…

RÈGLE KARMA N° 37

Toute maladie de l'âme que tu ne guéris pas, tu la transmets à tes enfants.

« Si tu as une peur, fais-en ton objectif », nous avait lancé Steve lors de notre formation. Et c'est ce que j'ai fait... J'ai peur du vide, j'en ai fait mon objectif. Depuis des années, je rêvais de partir randonner dans les montagnes mais je n'avais jamais franchi le cap. Une épreuve est venue toquer à ma porte et j'ai décidé de m'inscrire au Club alpin français. Comme je n'avais pas fait de sport depuis plus de dix ans, j'ai commencé la randonnée tranquillement. Petit à petit, j'ai pris le rythme, tous les mardis, avec un groupe de débutants. Chaque fois, j'en faisais un peu plus. J'ai ajouté une heure de vélo tous les jours. J'ai perdu onze kilos. Aujourd'hui, les enseignements appris dans « Boosteur d'excellence » m'accompagnent au quotidien et je suis fière de vous annoncer que j'ai grimpé le plus haut sommet de la chaîne de montagnes de ma région ! J'ai sué, j'ai eu bien peur, mais je n'ai rien lâché. J'ai fracassé l'une de mes croyances limitantes. Arrivée en haut du Grand Veymont, à 2 341 mètres d'altitude, il faisait 4 degrés et le vent semblait me pousser vers le vide, mais la beauté du paysage m'a coupé le souffle. J'ai brisé le plafond de verre mais là-haut, avant toute chose, j'ai touché du doigt la porte des étoiles. C'est

une immense satisfaction. Il y a trois mois, jamais je ne me serais imaginé un seul instant pouvoir faire une randonnée pareille.

Ma conclusion : rien n'est impossible pour celui qui a la volonté. Merci à Steve et à tous ceux qui partagent leur transformation via *les témoignages, les conseils, etc. Vous êtes inspirants et vous m'avez tous accompagnée dans mon réveil du phœnix. J'annonce la couleur : ce n'est qu'un début !* Latifa Chay, membre du programme Boosteur d'excellence, un programme que j'ai créé et qui formera trois champions du monde de lecture rapide, trois années d'affilée.

RÈGLE KARMA N° 38

Si tu as une peur, fais-en un objectif.

Un marchand transportait à dos d'âne la nourriture qu'il vendait. Il avait deux ânes et, le soir venu, il les attachait pour qu'ils ne se sauvent pas durant la nuit. Un jour, il arrive dans un village, s'apprête à les attacher séparément mais n'a plus qu'une corde. Un vieux sage assiste à la scène.

— Viens voir là, dit le vieux sage… Je vois qu'il te manque une corde. Va vers ton âne et fais semblant de l'attacher avec une corde invisible. Comme il est habitué à être attaché tous les jours, il ne bougera pas.

— Il est bizarre, ton conseil ! Mon âne va se sauver…

— Essaie et tu verras.

Le marchand fait semblant d'attacher son âne avec une corde invisible et part se coucher. Le lendemain, l'âne est toujours là. Le vieux sage est encore assis non loin. Le marchand le remercie, détache le premier âne et tire sur le deuxième pour qu'il avance. Le deuxième âne ne bouge pas d'un poil. Le vieux sage demande alors :

— As-tu enlevé la corde invisible ?

— Mais… il n'y a pas de corde !

— Oui, mais lui, il croit toujours qu'il y a une corde. Enlève-lui la corde invisible et tu verras.

Le marchand détache alors la corde invisible et l'âne se met à avancer.

Ce qui compte, c'est l'histoire que vous vous racontez face à un événement, le filtre que vous mettez entre la réalité et vous. L'auteure Shannon L. Alder prône une philosophie centrée sur la libération des peurs afin de vivre ses objectifs de vie. Dans ses articles, elle aborde les problèmes rencontrés par la plupart des gens et qui les empêchent de passer au niveau supérieur : estime de soi, peur, anxiété, manque de positivité… Shannon définit six filtres autolimitants, six croyances qui déterminent le cours de votre vie :

1. Si vous ne croyez pas que l'impossible peut se produire, vous avez raison.

2. Lorsque vous vous sentez inférieur aux autres, vous avez raison.

3. Quand vous croyez que ce que vous avez et que la façon dont vous avez été élevé vous empêchent d'avoir tout ce dont vous avez toujours rêvé, vous avez raison.

4. Lorsque vous croyez que vos erreurs ne peuvent être annulées, vous avez raison.

5. Lorsque vous sentez que c'est le meilleur que vous puissiez obtenir, vous avez raison.

6. Quand vous pensez que quelqu'un ne changera jamais ou ne dépassera jamais sa fêlure, vous vous trompez !

Que se passe-t-il lorsque l'on se libère de ces filtres ? On peut réaliser des exploits extraordinaires, comme celui de Tommy Caldwell et Kevin Jorgeson. Le 14 janvier 2015, ils venaient à bout du Dawn Wall, dans la vallée du Yosemite. Avec sa paroi lisse, c'est le mur le plus difficile à escalader. Ils étaient pourtant considérés comme des escaladeurs médiocres dans leur milieu, mais avaient une confiance à toute épreuve en leurs capacités. Ils en sont venus à bout après dix-neuf jours d'ascension. Ils ont réalisé leur rêve et réussi à faire ce que tout le monde croyait impossible. Ils ont dormi dans des tentes suspendues au-dessus du vide, ils ont fait des chutes de plusieurs mètres mais n'ont jamais cessé de croire, eux, que c'était possible. Tout au long de leur ascension, ils ont été guidés par une voix intérieure qui croyait en leur réussite. Ils ont bravé les contraintes, la météo et les multiples aléas pouvant leur coûter la vie, mais ils y ont cru jusqu'au bout.

Cet exploit a fait l'objet d'un film au succès mondial : *The Dawn Wall*. Quand tout le monde employait le mot « impossible », Tommy Caldwell et Kevin Jorgeson, eux, étaient persuadés qu'ils pouvaient escalader cette muraille… et ils avaient raison. À toutes les époques, les rêves des uns ont été moqués par les autres… Dans les années 1950, on pensait que jamais personne n'irait dans l'espace à bord d'une fusée… En 1970, Jacques Monod, prix Nobel de médecine, écrivait : « L'échelle microscopique du génome interdit sans doute à tout jamais de le manipuler. » Cinq ans plus tard débutaient les premières manipulations génétiques. Connaissez-vous le Capital Gate, le gratte-ciel le plus incliné du monde ? Lorsque les architectes se confrontèrent à ce rêve, plusieurs personnes leur ont dit que c'était impossible, que ça ne s'était jamais fait. Les architectes préférèrent considérer que c'était possible. Aujourd'hui, le Capital Gate se dresse fièrement à Abu Dhabi. Ne dites plus que c'est impossible. Pensez que vous détenez la solution, vous habituerez votre cerveau à la trouver. Un meilleur niveau de conscience vous donne de meilleurs choix. De meilleurs choix vous donnent de meilleurs résultats.

RÈGLE KARMA N° 39

**Pense que tu détiens la solution,
tu habitueras ton cerveau à la trouver.**

CHAPITRE 7

MON *DAWN WALL*

Avec les Black Dragons Juniors, on se regroupe régulièrement pour rapper dans un studio d'enregistrement parisien fréquenté par les plus grands noms du rap. C'est la grande époque des *mixtapes*. Mambo, un grand mec chauve et tatoué du type de Suge Knight, paie les frais : studio, techniciens, enregistrements. C'est lui qui donne l'opportunité de percer aux jeunes talents qui posent sur les *mixtapes*. Il blanchit son fric grâce aux albums de rap qu'il produit. Un jour, il m'avait repéré et dit : « Toi, t'as des sacrées *punchlines* ! »

On s'assoit sur de vieux canapés défoncés, la mélodie passe en boucle et on doit poser le texte dessus. Ça sent le tabac froid et la *weed*. Les cendriers débordent et les bouteilles vides s'entassent dans un coin. De mon côté, je prends ça comme un délire, rien de vraiment sérieux. De toute façon, je suis, et de loin, celui qui écrit le plus lentement. Les autres sont capables de pondre des textes en moins d'une heure à partir des mélodies instrumentales alors que j'ai besoin de plusieurs jours. Mambo, lui, n'est pas là pour rien. Il faut qu'il fasse poser les meilleurs. Un soir, il se lève et s'approche de deux mecs assis par terre :

— Toi, toi…, dit-il d'un ton sec.

Il se tourne ensuite vers moi et ajoute :

— Et toi ! … Vous posez dessus.

Je m'enfonce dans le vieux canap', j'ai jamais réussi à écrire en une heure. Tous les regards se tournent vers nous. Je vois bien qu'on n'a absolument pas le choix. J'ai bien mon calepin rempli de textes mais je ne veux pas m'en servir. Sérieux ! Les pages sont remplies de références à l'Égypte antique, à l'Atlantide… Les mecs vont me prendre pour un taré. Un gars assis à côté de moi a dû repérer mes notes depuis un bail :

— Sors au moins ton cahier, là. Assure, mec !

Merde, il m'a grillé. Je n'ai plus le choix. Je prends une profonde inspiration et je commence à lire mon texte. Je pose une rime. Tout le monde bloque. Mambo me lance :

— Tu tiens un truc de malade, là. Enchaîne !

Trois flèches à mon arc, j'débarque sur un sombre Pégase
Immaculé, je suis ce triste monarque
Issu à leur insu d'une ligne déchue
Avalanche de rimes tel le Niagara et ses chutes
J'écris sur hiéroglyphes, je suis un scribe de Gizeh
Salive acide, terre de feu, lyrics *aiguisés*

Monde à part, constellation du Centaure
Ici-bas, chaque cœur est une boîte de Pandore
Alchimie du plomb à l'or, guerre interne
Funeste lutte entre Nafs et Nya, ai-je tort ?

Les gars sont scotchés. Même moi, je ne m'y attendais pas. C'est de la folie… ou plutôt, ce que je prenais pour de la folie, eux prennent ça pour du génie. Eurêka ! J'ai trouvé mon *dawn wall*, je commence à l'escalader.

Nous avons tous du mal à croire en nous dans certaines situations. Notre confiance en nous dépend de notre vécu, des épreuves que nous avons traversées et de la façon dont nous avons été élevés. En tant qu'enfants, on nous a bombardés d'injonctions hypnotiques. Sois poli, sois sage, sois gentil… On nous a formés à contenir notre énergie vitale. Toutes ces injonctions paralysent le « soi », le « qui je suis vraiment » et ce que je suis venu apporter au monde. Si le prix à payer pour notre admission dans la communauté sociale est de s'éteindre, il ne s'agit plus d'amour. Nous n'avons pas à modeler notre être en fonction des attentes des autres. Je suis un déviant incurable et c'est ainsi que je trouve la contribution la plus précieuse que je puisse apporter. « Normal », c'est le nom d'un programme sur un sèche-linge. Je n'ai pas besoin d'être normal ou tel que les autres me souhaitent pour obtenir l'amour et l'approbation d'autrui : si vous ne m'aimez pas tel que je suis venu au monde, cela n'appartient qu'à vous. Cherchez à faire les choses à votre façon avant tout, vous apporterez quelque chose de nouveau au monde. Certes, il faut du courage pour être différent :

on ne peut pas à la fois obéir au monde et vouloir le transformer.

RÈGLE KARMA N° 40

On ne peut pas à la fois obéir au monde et vouloir le transformer.

Paris, 21 heures, boulevard Magenta. Je suis tout seul dans l'une des salles de cinéma du Louxor. Tons rouges, fauteuils clubs, nous ne sommes pas plus de quatre. À l'écran, le film de Marc Levin *Slam*[1], Caméra d'or au Festival de Cannes. Dans ce chef-d'œuvre, Ray, mi-rappeur, mi-poète, trouve une alliée en la personne de Lauren Bell, qui enseigne la littérature. Elle le pousse à prendre conscience de son don et à le cultiver. Utilisant son époustouflant maniement des mots pour lutter contre la violence de l'environnement carcéral, Ray apprend à survivre. Je suis captivé par l'histoire qui me rappelle ce que j'ai vécu avec ma prof de français. C'est une révélation ! Le rap ne me suffit pas, je vais aller plus loin. Les plus grands artistes ont appris les règles du jeu dans leur domaine. Et puis, ils ont fait quelque chose de spécial… Ils ont fait confiance à leur instinct. Ils ont commencé à marcher à leur propre rythme et à suivre leur propre génie. Il était moins question de suivre ce que les meilleurs faisaient que de mener leur art dans les océans bleus d'une possibilité légendaire, en produisant un travail nouveau, terrifiant par sa portée et par son éclat. Les copistes ne font jamais l'histoire. Seuls les visionnaires

1. *Slam*, réalisé par Marc Levin, 1998.

obtiennent cet honneur précieux. L'un des plus grands boxeurs de tous les temps, Mohamed Ali, a dit : « Faites en sorte d'être le meilleur dans votre domaine, de façon à ce que vous deveniez la norme, celui qui réussit ce que personne n'a jamais fait. » Ton travail est la jonction entre le monde matériel et le monde spirituel. Si chacun a une mission de vie, cette mission, qui est une raison d'être, se matérialise par un travail qui nous permet d'être le plus utile à l'humanité à notre échelle. Je ne cherche ni un travail ni une passion. Je cherche le domaine dans lequel je vais investir les cinquante prochaines années de ma vie. Je cherche une cause.

Je veux créer mon propre rythme, donner plus de pouvoir à la parole et aux messages que je souhaite transmettre. Rapper sans instru devant un public : c'est là qu'on voit si ton texte est bon ou pas. Un papier, un stylo, un micro. Rien de plus. Je me mets au slam pour donner le meilleur de moi-même dans cette nouvelle discipline. À l'époque, le milieu du slam est un microcosme composé d'intellos qui ne laissent pas entrer n'importe qui. De Pigalle à Belleville, pendant un an, j'écume les bars et les scènes où je rencontre mon mentor, Demeter, en référence à la mère de la Terre dans la mythologie grecque. Il m'aide à affûter mes textes. Je les travaille sans relâche. D'abord médiocres, les lignes finissent par devenir sympas. Les nuits passées à les réécrire les font évoluer vers l'excellence. Si vous voulez devenir le meilleur, être bon n'est pas acceptable, donner le meilleur est la seule chose respectable. Où que je sois, j'écris : dans le hall de l'immeuble, dans les transports, dans la rue. Je me pose sur les toits de Paris, j'écris encore. Je me nourris des livres que je lis. J'enrichis mes textes. Je puise dans l'inconscient collectif de l'humanité, je fouille et retiens ce qu'il a de meilleur à m'offrir. Je rature des lignes et des lignes, je garde l'essence de mes textes. « La perfection est atteinte, non pas lorsqu'il n'y a plus rien à ajouter, mais lorsqu'il n'y a plus rien à retirer[1]. » Un matin, je reçois un SMS de mon mentor : « Championnat de France de slam ce soir à 20 heures. Tu es inscrit. Sois à l'heure. » Comment ça, je suis inscrit ? C'est quoi, ce délire ? Je ne peux pas y aller, je ne suis pas prêt ! Mon mentor m'explique : « Je ne t'ai rien dit, je savais que tu refuserais ou que tu passerais des jours à stresser et à ressasser ton texte. Tu es prêt. Je ne t'aurais pas inscrit si ce n'était pas le cas. »

Voilà. Je me retrouve dans une salle parisienne à l'ambiance feutrée, devant un public composé de professeurs d'université, de philosophes et d'écrivains. Je monte sur scène avec ma tenue de guerre, la tête couverte d'une capuche qui dissimule mon visage et ne laisse apparaître que ma bouche. La scène, c'est mon ring, je boxe avec les mots :

— Avant de commencer, il faut que je vous dise quelque chose de très important…

Le silence se fait. Je le laisse s'installer. Les gens regardent autour d'eux, attendent que ça commence enfin. Devant moi, un mec dit à sa nana :

1. Antoine de Saint-Exupéry.

— Attends… Le mec a l'air de vouloir dire un truc là… Il se passe quelque chose…

Je prends une profonde inspiration et commence :

Parfois tard le soir je m'assois seul dans ce parc
et je médite

Les yeux rivés face à l'immensité de l'espace intersidéral

Et là… j'ai vu la pierre noire et les croyants se dire
« Salam »

J'étais là quand Santiago a rencontré le roi de Salem

J'ai fui à Massada voyant en feu Jérusalem

Priant Dieu avec les hommes pieux de la lignée
de Mathusalem

J'ai appris l'art de la guerre auprès d'Assyriens

Commercé en Grèce sur les navires phéniciens

J'ai vu le phare d'Alexandrie, l'île d'Avalon

Et les jardins suspendus des palais de Babylone

J'ai vu la muraille de Chine et les pyramides de Gizeh

Puis les atrocités commises à Rome dans le Colisée

Ghazali m'a enseigné la piété et l'ascèse

Puis j'ai appris l'alchimie auprès de sages comme Paracelse

Je sens encore les odeurs d'épices et d'encens emplir de toute part les ruelles de Tir et Sidon

J'ai vu Carthage se fonder sans verser de sang et ce grâce à la sagesse de Didon

J'ai compris en feuilletant d'antiques manuscrits, le récit d'une nation disparue d'un seul cri

Mythique prophétie, pourtant il était écrit, qu'ils prieraient le Veau d'or malgré miracles accomplis

Qui dit légendes incomprises dit mémoires qu'on méprise

Et oreilles sourdes aux cris des nations conquises

Oui j'ai appris la bonté en observant Siddhârtan

Et en philosophant avec les gens d'Ispahan

J'ai traversé le Tibet grâce au carnet d'Otto Rahn

Arpenté les ruelles du Teotihuacan

J'ai assisté à la cène et aux noces de Canaan

et j'étais là quand furent écrits l'évangile de Qumran, et le noble Quran

Je repense à ces guerriers qui ont conquis de lointaines contrées

Puis sont morts au front pour un roi, qu'ils n'ont jamais rencontré.

Peut-être était-ce César, Darius ou Agamemnon

Ou un d'ces empereurs funestes dont l'histoire ne se remémore même plus le nom.

Je repense à cette histoire d'amour, entre un roi et sa couronne,

Faite d'or et ornée d'émeraudes comme celle de Nemrod.

Bénis soient les martyrs sous le règne de Hérode,

Et maudites soient les hordes, sous les ordres du Dajjal.

Je revois les chevaliers partir en quête du Graal

Et ce maharadjah faisant bâtir le Taj Mahal.

J'entends le chant des sirènes, les cris de Prométhée

Et Galilée brisant les sept sphères de cristal de Ptolémée.

Je revois les villes renversées, les croisades, le sang versé

Et ce khalife qui par une flèche empoisonnée fut transpercé

Les nations dispersées, le théorème inversé

Et le sceau de la prophétie protégé par les sept versets.

Et là... là je repense aux écrits des apôtres, et aux récits

Des hadiths transmis par les Sahabas,

Et j'me dis qu'on est aussi loin de leur sagesse

Qu'on est loin de cette époque où un océan recouvrait le Sahara.

Quand j'ai terminé, silence total dans la salle. Le public ne réagit pas. Les visages sont figés, personne ne bronche. Ça me rappelle la première de la classe à l'école, le jour où j'ai eu une meilleure note qu'elle, ils ont la même expression, celle qui affiche la croyance qu'une caillera comme moi n'arrivera jamais à faire ça. Je ne sais pas si je dois rester ou partir. Le silence dure et je descends de la scène pour attendre mes notes. Je croise une prof d'histoire. Elle a bien senti que j'étais décontenancé par la réaction des gens et me glisse : « Juste au-dessus des applaudissements, il y a le silence. » Quelques minutes plus tard, j'obtiens la note maximale de la part des trois juges : 10, 10 et 10. Il n'y aura pas de second tour. Les autres passeront après pour la forme. Je suis sacré champion de France de slam. L'herbe n'est pas plus verte ailleurs, elle est plus verte là où vous l'arrosez...

RÈGLE KARMA N° 41

L'herbe n'est pas plus verte ailleurs, elle est plus verte là où vous l'arrosez.

C'est décidé. Il faut que je cristallise ce que j'ai appris. Je vais bosser et faire un album. J'ai besoin d'argent pour payer le studio, les productions musicales, le graphiste pour la couverture, etc. Je veux me professionnaliser et faire les choses bien. Je veux faire un album avec de l'argent propre. Je prends mon courage à deux mains, je refais mon CV, je dépouille toutes les petites annonces, je passe plusieurs entretiens et essais, et je finis par trouver un poste dans un resto sur les Champs-Élysées. Le chef trouve que je manque de diplômes. Je ne peux pas laisser passer cette occasion : je lui propose de bosser gratuitement pendant une semaine pour faire mes preuves. Si je me loupe, il peut me virer sans me payer. Ma proposition le fait marrer, et il me laisse ma chance. Pendant sept jours, je me donne à fond et je suis embauché. Le mec a un réseau de dingue : j'intègre les meilleurs restaurants de la capitale comme Le Marly, sous les arcades du Louvre, pour ne citer que lui. Je gagne très bien ma vie et commence petit à petit à enregistrer mon album. Lorsqu'il est terminé, je décide de partir fêter ça en Grèce. Une semaine dans l'un des plus beaux palaces, le rêve. Je me retrouve sur la terrasse de l'hôtel, face à la mer, un banquier juif assis plus loin à ma gauche, un mafieux russe à ma droite. Ils me proposent un cigare. On fume un Cohiba ensemble face à la Grande Bleue. J'ai tout ce dont un homme pourrait rêver, et… c'est là que j'ai le bug. Un méga bug dans le karma. Je suis comme

Thomas Anderson dans *Matrix*, quelque temps avant qu'il suive le lapin blanc et devienne Néo. Morphéus s'adresse à lui pour la première fois : « La matrice est universelle. Elle est omniprésente. Elle est avec nous ici, en ce moment même. Tu la vois chaque fois que tu regardes par la fenêtre ou lorsque tu allumes la télévision. Tu ressens sa présence quand tu pars au travail, quand tu vas à l'église ou quand tu paies tes factures. Elle est le monde qu'on superpose à ton regard pour t'empêcher de voir la vérité. »

Tu es un esclave…

CHAPITRE 8

GENÈSE DE LA SAGESSE

René Magritte, peintre surréaliste belge de la première moitié du XXe siècle, a notamment peint *La Trahison des images*. C'est l'un de ses tableaux les plus connus, qui représente une pipe sous laquelle il a écrit : « Ceci n'est pas une pipe. » Pour expliquer ce qu'il a voulu représenter à travers cette œuvre, Magritte déclare : « La fameuse pipe, me l'a-t-on assez reprochée ! Et pourtant, pouvez-vous la bourrer, ma pipe ? Non, n'est-ce pas, elle n'est qu'une représentation. Donc si j'avais écrit sous mon tableau "Ceci est une pipe", j'aurais menti ! »

Cette œuvre nous amène à un questionnement bien plus large. Quel sens met-on derrière un mot ou une image ? Est-il universel ? Un mot est-il uniquement ce qu'il décrit ? Ou bien prend-il, comme le caméléon, une teinte particulière selon l'environnement de celui qui le lit, l'écrit ou l'analyse ? Le mot « liberté », par exemple, est si large et si puissant que son sens ne peut être universel. La perception de la liberté peut être très différente chez les uns et chez les autres, selon l'expérience, la culture ou la langue.

Si je vous disais que l'échec n'existe pas dans mon monde… Si vous me racontiez une situation que vous avez complètement foirée, et si je vous demandais même de me la peindre aussi précisément, aussi justement que Magritte l'a fait avec sa pipe, puis que j'écrive en bas de la feuille : « Ceci n'est pas un échec », que diriez-vous ? Bien sûr, c'est un échec pour vous parce que vous vous le représentez comme tel. D'ailleurs, vous avez toujours associé le fait de ne pas réussir quelque chose avec l'échec. Pour beaucoup de gens dont je fais partie, l'échec n'existe pas. Il est, comme beaucoup d'autres choses, une croyance, une interprétation subjective des événements. Je n'utilise plus les mots « épreuve », « échec », « ratage ». Je les remplace par « expérience », « *feed-back* », « itération ». Ce qui ne marche pas n'est qu'une étape, un brouillon de la réussite. Je dirais même qu'échouer fait partie intégrante de la réussite. Chaque chute permet de s'améliorer et de sortir une meilleure version de soi-même et de ce que l'on essaie d'accomplir.

RÈGLE KARMA N° 42

Ce qui ne marche pas n'est qu'une étape, un brouillon de la réussite.

Toutes les personnalités qui ont marqué notre histoire ont connu leur lot d'échecs. Pour citer Thomas Edison, dont nous connaissons l'histoire : « Je n'ai pas échoué, j'ai simplement trouvé dix mille solutions qui ne fonctionnent pas » avant d'inventer l'ampoule électrique et de révolutionner l'accès à la lumière pour tous les foyers du monde. Il disait aussi : « Notre plus grande faiblesse réside dans l'abandon ; la façon la plus sûre de réussir est d'essayer une autre fois. »

Il n'y a pas d'échec, il y a des retours d'expérience (*feed-backs*), des apprentissages. L'échec et l'erreur culpabilisent et démotivent. Se punir n'aide pas à apprendre. Au contraire, un résultat différent de celui souhaité doit être considéré comme une information supplémentaire quant à notre façon de faire et ce que nous obtenons par son entremise. Considérer une réponse inattendue comme le *feed-back* d'un contexte responsabilise et invite à agir. Si ce qui est réalisé ne déclenche pas la réponse recherchée, il faut alors continuer à varier les actions jusqu'à déclencher la réponse désirée. Cette attitude permet d'une part de se donner la permission de commettre des erreurs et d'autre part d'accepter les erreurs de l'autre. L'erreur est une étape de l'apprentissage, nécessaire et source d'enseignement pour tous. Prenons l'exemple du footballeur Lionel Messi : il marque 41 % de ses buts. On pourrait considérer qu'il échoue 59 % du temps. Pourtant, c'est l'un des plus grands footballeurs de notre temps.

RÈGLE KARMA N° 43

Si tu essaies, tu as une chance de gagner.
Si tu n'essaies pas, tu as déjà perdu.

Au cours de notre vie, de nombreuses fois, nous allons louper quelque chose. Il est inutile de s'autoflageller pour ça : 80 % de nos essais ne fonctionneront pas. Ces essais ratés ont une raison d'être : analyser le *feed-back* et accueillir pleinement les 20 % d'essais réussis. Comme Edison, les gens qui réussissent sont aussi ceux qui ont beaucoup échoué. Pourquoi ? Parce qu'ils en tirent les bons enseignements, nourrissent leur créativité et continuent leur chemin.

Dans son livre *The Art of Thought*, Graham Wallas définit les quatre étapes du processus créatif :

- La **préparation** = décider de le faire : il s'agit de s'immerger dans le thème pour en comprendre les codes. Cela demande une concentration et des efforts intenses orientés vers le but. L'esprit est en pleine activité.

- L'**incubation** = contempler : l'esprit est dans le brouillard et on le laisse vagabonder. C'est une période de repos, de lâcher-prise, de connexion à soi-même.

- L'**illumination** = trouver l'inspiration : eurêka ! Une idée émerge.

- La **vérification** = effectuer : c'est l'étape de la raison qui fait parler notre bon sens et notre jugement, c'est le *workaholic step*. L'esprit est à nouveau très actif. Certaines idées ne sont pas réalisables et doivent être éliminées, d'autres mériteront de grandir un peu plus. Puis vous sélectionnerez quelques pépites qui seront pour vous la solution à vos problèmes.

Lorsque j'ai créé mon programme « Boosteur d'excellence », je suis passé par ces étapes :

- La **préparation :** j'ai eu l'idée de ce programme lors d'une mission humanitaire. J'ai observé les divers fonctionnements, les besoins…
- L'**incubation :** j'ai laissé « infuser » cette idée, j'ai lâché prise.
- L'**illumination :** j'ai d'abord pensé à une formation en face à face, dans une salle. Je me suis rendu compte qu'une formation en ligne toucherait plus de monde et permettrait à tout un chacun d'avoir accès à ces connaissances.
- La **vérification :** cette formation en ligne est un succès, elle est l'une des meilleures au monde dans son domaine.

Le bug que j'ai connu en Grèce m'a permis de faire un choix. J'ai laissé le slam pour l'humanitaire. Essayer-échouer encore et encore, voici la façon de trouver le bon chemin pour accomplir sa mission de vie. J'ai vécu cette équation plusieurs fois sur ma route. Je l'ai notamment connue avec ma première ONG. Cette ONG était un brouillon, une occasion d'essayer, un crash test… Un matin, j'arrive au bureau et j'apprends dans un e-mail que je suis viré, là, comme ça. Une autre que moi a pris le contrôle, elle s'est arrangée pour faire un coup d'État et ça a fonctionné. Je n'ai plus ma place. J'aurais pu le prendre comme un échec, une preuve que ce n'était pas la peine de continuer sur cette voie.

J'ai décidé d'en faire une étape. Comme Golum dans *Le Seigneur des anneaux,* j'aurais pu m'accrocher à « mon précieux » de toutes mes forces, ne pas lâcher l'affaire. J'ai choisi de transformer cet événement, de voir le positif : l'ONG et mon ancienne équipe continueraient à faire tout le travail à ma place, à servir la cause. De mon côté, j'allais mettre en place une nouvelle version en y intégrant ce que j'avais appris avec la première. Elle n'en serait que meilleure. Pour être meilleur, pour comprendre les leçons des erreurs passées, je suis allé voir l'un de mes mentors afin de lui demander conseil.

— Je viens de vivre un coup d'État, lui dis-je. Je viens te demander conseil. Que dois-je comprendre, selon toi ?

— C'est simple, pour savoir si tu es dans le rythme de l'univers ou si tu es figé, tu as à comprendre qu'une grande partie de ton voyage consiste en un engagement : ne pas être hostile à ce que le karma t'envoie et rester créatif. Le chemin que nous parcourons à l'extérieur nous fait toujours faire un voyage à l'intérieur et le chemin que nous parcourons à l'intérieur nous fait toujours faire un voyage à l'extérieur. Si quelque chose t'arrive, c'est que tu es prêt à le recevoir. Quand l'élève est prêt, le maître apparaît.

RÈGLE KARMA N° 44

Quand l'élève est prêt, le maître apparaît.

Ces conseils et mon expérience m'ont servi à créer une meilleure ONG. La première mission se déroule alors au Togo. Nous distribuons de la nourriture dans la prison de Lomé, l'une des pires prisons au monde, réputée comme telle par Amnesty International. Tout se passe bien et nous décidons de réitérer l'expérience au Cameroun. Nous avons un objectif clair, un budget défini.

Un jour, à la sortie d'une distribution alimentaire destinée aux femmes détenues en prison, nous sommes interpellés par une femme qui implore notre aide. Elle nous montre la photo de sa fille, une adolescente dont une jambe est rongée par le cancer. Il lui faudrait un traitement à l'hôpital, la famille n'en a pas les moyens. L'humilité et le désarroi de cette femme nous touchent profondément et résonnent en nous. Avec les membres de mon équipe, on décide de faire le long trajet jusqu'à sa maison. Quand nous rentrons dans la case, une odeur atroce nous saisit. On pense que c'est dû à un manque d'hygiène, à un truc qui moisit dans un coin. L'odeur est tellement forte qu'elle nous donne envie de vomir. On doit se couvrir le nez et la bouche pour tenir bon. Il fait sombre dans la case. L'odeur prend toute la place, ça pue la pourriture. Comment font-ils pour vivre là-dedans ? La femme nous amène dans un coin de la maison, l'odeur est de plus en plus vive. Sur une natte couverte par une moustiquaire, j'aperçois le corps d'une petite fille. Je m'approche d'elle. L'odeur vient de là. Sa jambe a pourri… Sa mère chasse les mouches au-dessus de l'infâme bouillie qui devait être sa jambe… La jambe de la petite est gangrenée par la maladie. Elle doit atrocement souffrir. Pourtant, son regard reste empreint de dignité. Elle a besoin de soins d'urgence. Il nous faudrait environ 2000 euros pour l'emmener à l'hôpital et la faire soigner, et nous n'avons pas cette somme. Il va falloir faire une collecte et effectuer un virement international car nous serons déjà rentrés en France. Malgré ces difficultés, je m'engage auprès de la famille. Je rentre en France, je fais des pieds et des mains pour récolter les fonds.

Un matin, notre contact camerounais m'appelle : « Inutile de récolter l'argent, la petite est morte. » Je n'ai pas été assez rapide, je n'ai pas pu récolter les fonds assez vite et la fille est morte. Je nourris un profond sentiment de culpabilité. C'est l'un de mes mentors qui m'aide à transformer cette épreuve, à me nourrir de cette expérience profondément douloureuse pour m'améliorer :

« Tu n'es pas tout-puissant, me dit-il. Tu peux t'engager dans des causes. Le résultat final ne t'appartient pas. Tu suis le principe de l'équanimité. En tant que résultat d'une pratique spirituelle ou d'un cheminement de croissance personnelle, ce détachement s'enracine et se stabilise par une acceptation de soi-même et de ses circonstances passées ou actuelles, un lâcher-prise constant malgré les caprices de sa volonté et de sa réactivité personnelle, ainsi qu'une base de confiance dans le bien-fondé des données de la vie par une intuition grandissante de leur nature réelle. Grâce à cette jeune fille, tu deviendras un excellent collecteur de fonds pour servir d'autres causes. Nous sommes entourés de serments de non-violence. Nous sommes tenus de respecter ces lois : la non-violence envers les animaux, le respect des égalités… Les tribunaux se multiplient. Certains ne mangent plus de viande au nom du respect dû aux animaux. Prête-t-on le serment de non-violence envers soi-même ? Il est fondamental. Si tu deviens un dictateur pour toi, un nazi, tu vis sous le règne de la tyrannie à perpétuité. Le premier serment en termes d'amour de soi et non-violence que tu as à prêter, c'est celui de non-violence envers toi-même. »

RÈGLE KARMA N° 45

Avant tous les autres serments de non-violence, prête serment de non-violence envers toi.

CHAPITRE 9

LIMITLESS[1]

1. Sans limites.

Quand j'étais en cinquième j'ai battu un record du monde sans le savoir : je me suis fait virer du cours d'histoire-géo et d'éducation civique. Pas pour trois jours ni même un mois, non, pour toute l'année. Tout a commencé deux ans plus tôt, dans un centre commercial où ma mère et ma tante allaient souvent les week-ends. Comme je m'ennuyais à mourir, elles m'envoyaient me distraire dans le magasin de jouets. J'avais repéré un magasin beaucoup plus intéressant juste en face : une grande librairie dont les livres s'empilaient jusqu'au plafond. C'était un endroit magique, avec d'immenses échelles en bois montant le long des étagères interminables. J'adorais l'odeur de papier qui envahissait mes narines dès que je passais la porte. Dans mes souvenirs, les toiles d'araignées peuplaient les livres tout en haut, les plus proches du plafond. Je restais bouche bée devant les colonnes de reliures marron, vertes ou bleues de la collection « La Pléiade ». La librairie était tenue par un vieil homme aux cheveux hirsutes qui portait de petites lunettes rondes et épaisses rendant ses yeux minuscules. Le week-end, j'entrais, prenais des livres dans les rayons et m'asseyais sur le parquet dans un coin pour les feuilleter. Le vieux libraire a fini par me repérer. Il venait vers moi quand je choisissais des livres, faisait mine de farfouiller dans ses étagères puis se perchait sur son échelle pour m'observer. Quand je prenais un livre, il désapprouvait en poussant un soupir : « Hum ! Hum ! » et me faisait un signe de l'œil en direction de l'étagère d'à côté. Je prenais un autre livre et il approuvait avec un sourire satisfait et un « Hin, hin », en hochant la tête. C'est dans son antre que j'ai découvert la face cachée de l'égyptologie. J'y ai découvert, entre autres, les thèses extraordinaires de Cheikh Anta Diop sur l'histoire de l'Égypte et des pharaons dans son livre *Nations nègres et culture*.

Arrive cette fameuse année à l'école… L'Égypte est l'un des thèmes principaux en histoire. La prof nous demande si quelqu'un veut bien faire un résumé sur ce thème qui servira comme base de travail pour tous. Je me porte volontaire. Je prépare un exposé à partir de toutes les recherches que j'ai faites. Ma prof d'histoire enseigne aussi l'éducation civique. C'est l'archétype de la militante au Front national. Je commence à parler du fait qu'il existe trois versions concernant les pharaons. J'expose d'abord celle que tout le monde connaît et ensuite, je me mets à expliquer qu'un autre courant se fonde sur des faits : les Égyptiens étaient noirs et ce sont eux qui ont construit les pyramides en les alignant sur la ceinture d'Orion pendant que les Blancs apprenaient à faire du feu dans les cavernes. Je maîtrise mon sujet, je donne les arguments :

— En 1983, les études d'un chercheur, G. Robin, estiment la taille des pharaons à partir des squelettes d'Ahmosis I, Amenhotep, Akhenaton, Toutankhamon et bien d'autres. Robin conclut que la structure de leur squelette ne peut correspondre qu'aux Noirs. Quelques années plus tard, un laboratoire nord-américain rend publics les résultats d'analyses de deux momies royales : Amenhotep III et le célèbre Toutankhamon. Les analyses des données archéologiques de ces momies et de membres de leurs familles ont prouvé qu'ils venaient des grands lacs et d'Afrique australe. Autrement dit, un lieu où il n'y avait que des Noirs…

Au fond de la classe, la prof ne tient plus en place et m'interrompt :

— Tu racontes n'importe quoi ! Où as-tu été pêcher ce tissu d'âneries ?

— Ce sont les résultats de recherches scientifiques, madame, je réponds. Et je n'ai pas terminé. Une étude publiée dans le *British Medical Journal* a montré que Ramsès III portait le gène E1B1a, qui est un gène africain et spécifique à la population noire d'Afrique du sud du Sahara…

La prof a traversé la salle. Elle m'arrache mes feuilles, devient rouge, se met à hurler, à crier au scandale. Je lui demande des arguments. Elle n'en a pas. Elle continue de me crier dessus, m'attrape carrément par une manche et m'annonce qu'elle m'exclut du cours d'histoire pour tout le reste de l'année pour mauvais comportement. Et dire que je n'ai même pas eu le temps de parler de la troisième version de l'histoire, qui concerne le rôle des extraterrestres. Quel dommage ! Je lui propose de m'exclure des cours de géographie car je compte bien aborder la question de la carte du monde qui place l'Europe en haut, au milieu, alors que ça n'a aucun sens. Les dimensions sont fausses. Le Cameroun, par exemple, a l'air d'être de la même dimension que la Suisse alors qu'il est onze fois plus grand. La France a l'air de même dimension que le Mali, qui est en réalité deux fois plus grand. Cette carte est faite pour que nous croyions en la grandeur de l'Europe et du monde occidental, pour qu'inconsciemment les pays dominés acceptent leur domination, pour qu'inconsciemment nous acceptions la domination historique des pays du Nord pendant le temps de la colonisation… Furieuse, elle m'exclut de tous ses cours : histoire, géographie et éducation civique. Pendant mes heures libres, j'en profite pour travailler mes textes. Je m'assois seul dans une classe vide. Je suis banni parce que j'ai dit la vérité. Je pourrais me mettre en colère, être triste : ça ne changerait rien. Cette situation est un message que l'on m'envoie ! Le karma m'offre du temps, des heures de travail pour me concentrer sur mon art, affiner mon talent : l'écriture. Quel cadeau ! Voilà la connotation positive que je donne à cet événement : j'écris ma prophétie sans le savoir. Je serais curieux de voir la tête que ferait cette prof aujourd'hui si elle savait que j'ai fait de hautes études et que, voulant aller jusqu'à bac + 12, mes profs m'ont arrêté à bac + 6 en me rappelant que « l'optimal n'est pas toujours le maximum ».

Des années plus tard, je reprends mes études de management des organisations non gouvernementales.

J'ai des vies humaines sous ma responsabilité, je veux me former. Comme disait Spiderman, l'un des héros de mon enfance, un grand pouvoir implique une grande responsabilité. J'ai la conviction que l'ONG dont je suis le président est la locomotive de ma mission de vie. J'investis mon argent dans mes études. Mes réserves finissent par s'épuiser. À la fin d'une année scolaire, je comprends que je ne pourrai pas continuer. Je suis tellement à sec que les bénévoles de l'ONG finissent par m'acheter un pull, des gants et un bonnet. Ils ont vu que je me caillais grave en plein hiver avec mon sweat. Je vais devoir arrêter en route. Là, je ne comprends pas le message. Quelle sagesse me souffle le karma à l'oreille ? Je ne vais pas tarder à le savoir… Avant les vacances d'été, l'École des mines lance un grand concours de lecture : « Les dix mille pages ». Il faut lire au moins dix mille pages pendant l'été et préparer des fiches de lecture pour les présenter devant un jury à la rentrée. Le gagnant se verra offrir sa scolarité. Il n'en faut pas plus pour me motiver. Pendant deux mois, je m'enferme chez moi pour lire. Je deviens un stoïcien, un ascète. Comme Eddie dans le film *Limitless*[1], les facultés de mon cerveau sont décuplées, sans avoir à prendre de pilules.

À la fin de l'été, j'avais lu les dix mille pages, préparé des fiches de lecture sur chaque bouquin, assorties de recherches annexes et de réflexions personnelles. Gonflé à bloc, j'arrive dans la salle. Une dizaine de personnes, dont un couple d'amis venu me soutenir, constituent le public. Le jury des cinq profs est en

1. *Limitless*, réalisé par Neil Burger, 2011.

face. Je m'aperçois rapidement que je suis le seul concurrent. Quand je demande si on attend les autres, les profs échangent un regard et explosent de rire : « Parce que tu crois qu'il y en aura d'autres ? Qui passe son été à lire des livres de nos jours ? » Ils prennent mes fiches et les parcourent avec attention. J'y ai mis tout mon cœur, passé plus de mille heures à bosser tout ça, écrit deux cent cinquante pages de fiches. Ils m'interrogent sur les bouquins. Mon cerveau est en mode batmobile. Ils s'en rendent compte. En moins de deux mois, je suis passé de zéro à héros. Je gagne le concours. Mon année d'études est payée. Cette nouvelle aventure est tel un miroir grandeur nature de ce que j'ai vécu avec ma prof de français. J'ai une sensation étrange de déjà-vu.

Un peu plus tard, je pars en Suisse rendre visite à un ami qui est P-DG d'une grosse société. Il m'aide pour l'ONG. Il réalise bénévolement toute la partie graphique, qu'il facture à prix d'or à de grandes sociétés du CAC 40. Je lui raconte l'histoire du concours et il a un bug quand il apprend que j'ai mis deux mois pour lire dix mille pages :

— Eh mec ! Tu connais la lecture rapide ? C'est une technique qui te permet de lire deux cents pages en une heure, de mémoriser un cours de deux heures en trente minutes, m'apprend-il.

— T'es sérieux ? Je croyais que c'était un truc pour les Chinois, moi.

— En effet, mais si tu vas aux États-Unis ou à Londres, tu peux te former. J'ai appris la technique. Si tu veux je te forme en deux jours, je te transmets ce que j'ai appris. De toute façon, tu ne pourras pas te payer la formation.

— Carrément ! Ça marche, forme-moi !

Après deux jours de formation intense, j'ai l'impression d'être Flash[1] sans son costume rouge. D'ailleurs, Jay Garrick et Bart Allen, deux des personnages de *Flash*, peuvent mémoriser tout ce qu'ils lisent en mode super-vitesse, ce qui leur permet d'accumuler une quantité impressionnante de connaissances. Quand j'étais jeune, je pouvais me comparer à Bart mais là, ça y est, je suis comme Flash ! Je suis un super-héros !

À l'école, je passe mon temps dans la bibliothèque. Je décide de lire tous les livres, je les compte, je divise par le nombre de jours dans l'année et j'obtiens une moyenne de livres à lire par jour. Cinq livres par heure. J'ai toujours un temps d'avance sur les autres et souvent les meilleures notes. Les autres élèves ont vu mon manège et commencent à s'intéresser à ma méthode qui semble porter ses fruits. Une élève avocate fait le

1. Flash est le nom de plusieurs personnages de fiction appartenant à l'univers de DC Comics. Les différents Flash sont tous dotés de la capacité de se déplacer à très grande vitesse (ils sont appelés des *Speedsters*). Le costume du super-héros Flash est souvent rouge et jaune, avec au centre un éclair sur fond blanc pour désigner sa vitesse. Mais le tout premier avait également un casque d'acier, inspiré du dieu grec Hermès (ou Mercure chez les Romains), doté, lui aussi, d'une vitesse hors du commun. Il a été créé par Gardner Fox et Harry Lampert.

premier pas et me demande de lui enseigner la technique car elle a son examen sous peu. Il lui reste une quantité impressionnante de matière à ingurgiter. Je donne mon premier cours individuel, puis un autre. Je constitue des groupes de cinq puis vient la première formation pour vingt-cinq. Je ne sais pas encore que je finirai avec la seule méthode sur la planète bleue qui formera trois champions du monde de lecture rapide, trois années d'affilée, une fois de plus sous les yeux médusés des premiers de la classe.

CHAPITRE 10

KARMA-SUTRA

Dimanche 12 août, sur une terrasse du restaurant Lauda à Santorin, en Grèce. Le banquier juif à ma gauche, le mafieux russe à ma droite. On partage un cigare Cohiba Behike en plein cagnard, les yeux rivés sur la démarcation entre ciel et mer Égée. Au fil de la journée, le bleu se décline sous toutes ses nuances, et la vue sur les maisons blanches accrochées aux falaises est époustouflante. Les cloches des églises sonnent : dômes bleu cyan, spiritualité, atmosphère onirique… J'entends au loin les cris des vendeurs d'huile d'olive et des peintres proposant des portraits d'eux à des flots de touristes déchargés par d'immenses bateaux de croisière. Mais mon esprit est ailleurs. Je médite sur la Genèse et ses mystères. Un vide intergalactique me tord les tripes. J'ai dilapidé dix années de ma vie à cuisiner dans des restaurants de luxe au service de patrons vaniteux et sans scrupule. Pour quoi ? M'offrir des fringues de marque ou des baskets en édition limitée fabriquées par des enfants du tiers-monde. Regarde-toi, mec ! Regarde les vêtements que tu portes et dis-toi bien que tu fais partie du système qui abuse de ces gosses, même si tu es en bout de chaîne.

J'en ai d'abord voulu au karma, comme s'il était seul responsable, par facilité, pour fuir ma propre responsabilité. En cas de pépin, autant accuser le karma. Pauvre petite victime ! Réfléchis un peu : le karma est neutre, il ne veut ni ton bonheur ni ton malheur. S'il ne t'utilise pas positivement, c'est que tu es tout simplement inutilisable. À ce moment de ma vie, je fais partie d'une équipe de mercenaires au restaurant Le Marly cour Napoléon. On nous appelle « les Expendables[1] des cuisines ». Un de mes mentors m'a recruté afin que je travaille avec lui les week-ends pour des repas privés d'hommes d'affaires new-yorkais ou de princes saoudiens venus dans le seul but de vivre une expérience culinaire inoubliable : cassolette de langouste flambée, foie gras poêlé au caramel de cidre, agneau des Pyrénées en croûte de yaourt brûlé et petits légumes anciens… tout un programme. En résumé, je mène une belle vie, j'ai un boulot idéal et un très, très, très bon chiffre d'affaires. À l'époque, je me balade toujours avec 10 000 euros sur moi, je peux aller à n'importe quel moment dans un aéroport ou une gare choisir une destination sur les panneaux d'affichage et m'évaporer à l'autre bout du monde pour revenir bosser une fois le week-end terminé. Comme on dit, « Je suis au top ». Pourtant, assis sur cette terrasse face à la mer à déguster une tasse de Blue Mountain, je rigole intérieurement en imaginant dans le ciel un avion

1. En référence à *The Expendables*, film d'action de Sylvester Stallone (2010).

publicitaire qui traîne une banderole portant un message qui m'est destiné : « Steve, tu permets juste à de riches clients de chier de la merde haut de gamme. » Il est hors de question que sur ma tombe, on lise l'épitaphe : « Sa seule mission sur cette Terre a été de faire chier de la merde cinq étoiles. Repose en paix, Steve. »

J'aime la cuisine, les gens que je côtoie, l'argent que je gagne, mais j'aime encore plus l'idée de marquer mon passage sur cette Terre. Ce que je veux sur ma pierre tombale, c'est : « Cet homme a amené sa part de progrès. » Trouver un sens à sa vie, sa raison d'être, tout comme l'a fait Viktor Frankl… L'*ikigaï*, concept japonais, reprend lui aussi cette quête de sens au nom de la joie de vivre. Pour Christie Vanbremeersch, auteure du livre *Trouver son ikigaï*[1], « trouver son *ikigaï*, c'est trouver un travail qu'on aime, qui fait sens, qu'on fait bien et pour lequel on reçoit une contribution convenable ».

Réfléchir m'a donné soif. Je commande à Mélina, la serveuse, une bouteille de Berg, l'une des meilleures eaux du monde, directement issue de glaciers canadiens vieux de plus de quinze mille ans. Je sors mon livre du moment, une histoire par page. J'aime laisser les pages défiler et m'arrêter sur l'une d'elles, selon le feeling. Je tombe sur ces lignes :

« An 410, Pataliputra, dans la plaine du Gange, en Inde, 6 heures du matin dans l'été infini sous un soleil déjà brûlant. Aditya, jeune homme pauvre et livré à

1. *Trouver son ikigaï*, Christie Vanbremeersch, Éditions First, 2018.

lui-même, marche aux portes de la ville, demandant sans succès aux passants s'ils ont un peu de boulot pour lui. Au détour d'une ruelle, il retrouve une vieille connaissance, un vendeur de chapatis qui, comme chaque matin, lui offre quelques galettes car il sait qu'Aditya ne mange pas à sa faim. Ce jour-là, il lui indique aussi un réparateur de babioles et de chaussures aux portes de la ville, près de la porte sud, qui a peut-être besoin de quelqu'un pour l'aider. Sous une chaleur étouffante, Aditya marche jusque là-bas. Le réparateur est là, vieux sage vêtu de la tenue traditionnelle : une tunique longue et un pantalon large aux motifs de brocart. L'étoffe est rehaussée de dessins brochés d'argent.

— Bonjour. Vous cherchez un apprenti ? demande Aditya.

— C'est exact, j'ai besoin de quelqu'un pour m'aider à réparer les chaussures, faire le thé et autres bricoles. C'est un travail simple.

Aditya accepte l'offre du vieux sage et devient son apprenti. Un beau jour, un jeune homme brun modestement vêtu se présente au vieux sage. Visage mystérieux, silhouette élancée, il observe l'atelier.

— Bonjour, le vieux ! dit-il. Vous connaissez bien Pataliputra ?

— Oui, cela fait des années que je suis ici à réparer toutes sortes de choses. J'habite Pataliputra, c'est ma ville.

— Dites-moi… c'est comment, exactement, la vie à Pataliputra ?

— D'où viens-tu ?

— D'une cité voisine du nom de Prayaga.

— Ah… Et c'est comment, la vie, là-bas ?

— Les gens sont des salauds, des voleurs et des traîtres… C'est insupportable, je ne veux plus les voir.

Le sage réfléchit, hoche la tête et se frotte la barbe.

— J'ai une mauvaise nouvelle pour toi, dit-il enfin.

— Laquelle ?

— Pataliputra est à l'identique de Prayaga.

— Je le savais ! Je m'en doutais ! Merci de me l'avoir confirmé, le vieux, ça me rassure. Je ne suis pas fou. Toutes les grandes villes se ressemblent de toute façon. Je vais rester sur mes gardes ici, comme je le fais dans ma ville. Je vais dormir là ce soir, trouver un peu de travail et rester vigilant.

Et le jeune homme disparaît.

De son côté, Aditya poursuit consciencieusement son travail, réparant ce que le sage lui a confié. Le temps s'écoule paisiblement jusqu'à la fin de la journée mais, alors qu'Aditya et le sage commencent à remballer, un autre jeune homme brun, cette fois richement vêtu, arrive. Physique avenant, visage de l'innocence avec de grands yeux bleus brillants de curiosité, il s'approche du sage et de l'apprenti.

— Je peux vous acheter un verre de thé ? demande-t-il.

Aditya s'exécute.

— Vous connaissez bien Pataliputra ? poursuit le jeune homme.

— Oui, cela fait des années que je suis ici à réparer toutes sortes de choses. J'habite Pataliputra, c'est ma ville.

— C'est comment, exactement, la vie à Pataliputra ?

— D'où viens-tu ?

— Je viens de la campagne, pas très loin d'ici.

— Et c'est comment, la campagne ?

— Oh, vous savez, la campagne, c'est extraordinaire ! Les gens sont gentils. On forme une grande famille unie. Tout le monde se connaît et s'apprécie. L'atmosphère est chaleureuse. Nous accordons beaucoup d'importance à la confiance et à l'amitié. C'est apaisant et bienveillant. Évidemment, il existe des personnes malveillantes, comme partout, mais c'est une minorité.

— Oh ! Alors, j'ai une belle nouvelle à vous annoncer.

— Laquelle ?

— Pataliputra est le miroir de votre campagne.

Le visage du jeune homme s'illumine.

— J'en étais sûr ! On m'avait dit du mal de Pataliputra, mais j'étais persuadé que c'était faux. Au fond de moi, j'ai toujours su que c'était une ville incroyable. Merci pour ta franchise, vieil homme ! Je vais profiter de ma nuit ici pour aller à la rencontre des gens et profiter de cette belle atmosphère.

Le cœur rempli de joie, le jeune homme reprend son chemin. La journée de travail se termine. Le sage donne trois petites pièces à Aditya en rétribution de son travail, ainsi que quelques restes de nourriture conservés dans son sac.

— Il y a quelque chose que je ne comprends pas très bien, dit alors Aditya. Pourquoi votre avis sur Pataliputra était-il négatif ce matin mais positif ce soir ?

— Le monde n'est que le miroir de toi-même, répond le sage. C'est toi que tu vois dans la vision que tu as de lui. On ne peut percevoir que les qualités et les défauts que l'on porte en soi. C'est aussi valable pour les villes, les pays et tout ce qui compose ce monde et cet univers. La réponse relationnelle que tu donnes à l'expérience détermine sa forme, sa valeur et ses résultats. Autrement dit, les expériences dépendent de l'expérimentateur.

Tes croyances agissent comme un miroir déformant : elles changent ta façon de voir le monde, le modèlent. Lorsque tu admets enfin qu'elles possèdent un tel pouvoir, tu détiens la clé de la liberté. Cher Aditya, nos croyances sont des prophéties que l'on écrit et qui se réaliseront. Tes croyances engendrent tes pensées, tes pensées engendrent tes paroles, tes paroles engendrent tes gestes, tes gestes engendrent tes habitudes, tes habitudes engendrent tes valeurs et tes valeurs engendrent ton karma. Parvenir à transcender, cela se nomme le "karma-sutra".

— Que veut dire "karma-sutra" ? demande alors Aditya.

— Cher Aditya, le karma-sutra, c'est le grand livre du monde. C'est un livre qui te parle avec une voix qui n'utilise pas les mots. Écoute et tu entendras sa voix. »

RÈGLE KARMA N° 46

**Tes croyances engendrent tes pensées,
tes pensées engendrent tes paroles, tes paroles
engendrent tes gestes, tes gestes engendrent
tes valeurs et tes valeurs engendrent ton karma.**

Quand j'ai créé ma nouvelle ONG, j'ai à nouveau été confronté à l'abandon lorsque mon ancienne équipe m'a lâché, après le coup d'État. J'ai alors appliqué à la lettre ce que disait Rudyard Kipling :

Si tu peux voir détruit l'ouvrage de ta vie
Et sans dire un seul mot te mettre à rebâtir,

Ou perdre en un seul coup le gain de cent parties
Sans un geste et sans un soupir ;

Si tu peux être amant sans être fou d'amour,
Si tu peux être fort sans cesser d'être tendre,
Et, te sentant haï, sans haïr à ton tour,
Pourtant lutter et te défendre ;

Si tu peux supporter d'entendre tes paroles
Travesties par des gueux pour exciter des sots,
Et d'entendre mentir sur toi leurs bouches folles

Sans mentir toi-même d'un mot ;
Si tu peux rester digne en étant populaire,
Si tu peux rester peuple en conseillant les rois,
Et si tu peux aimer tous tes amis en frère,
Sans qu'aucun d'eux soit tout pour toi ;

Si tu sais méditer, observer et connaître,
Sans jamais devenir sceptique ou destructeur,
Rêver, mais sans laisser ton rêve être ton maître,
Penser sans n'être qu'un penseur ;

Si tu peux être dur sans jamais être en rage,
Si tu peux être brave et jamais imprudent,
Si tu sais être bon, si tu sais être sage,
Sans être moral ni pédant ;

Si tu peux rencontrer Triomphe après Défaite
Et recevoir ces deux menteurs d'un même front,
Si tu peux conserver ton courage et ta tête
Quand tous les autres les perdront,

Alors les Rois, les Dieux, la Chance et la Victoire
Seront à tout jamais tes esclaves soumis,
Et, ce qui vaut mieux que les Rois et la Gloire
Tu seras un homme, mon fils.

Sans dire un mot, je crée une ONG haut de gamme reconnue pour la qualité de ses actions et pour son intégrité. Pendant les cinq premières années, notre organisation connaît une ascension fulgurante, atteignant sans parvenir à le dépasser le plafond de verre des 250 000 euros de dons par an. Notre *business model* est efficace mais pas efficient et le cerveau qui a créé le problème n'est pas à même de le résoudre. J'ai besoin du gardien des clés, celui qui détient le code de la porte des étoiles, appareil de transport interplanétaire capable d'effectuer un saut quantique d'une planète à une autre. Ce code de la réussite, il n'y a que deux mecs qui l'ont : Scott Harrison, président de Charity Water aux États-Unis, et Max, une pointure dans le domaine de l'humanitaire européen. Je suis parti à New York pour rencontrer Harrison. Modéliser ce qu'il m'a transmis fait partie des raisons de ma réussite. Pour aller plus loin, il me faut Max…

J'ai souvent eu en tête la phrase de l'écrivain hongrois Frigyes Karinthy : « Nous sommes tous à six poignées de main d'une personne », qui renvoie à la « théorie des six degrés de séparation » ou des « six poignées de main », publiée en 1929. Elle postule que toute personne du globe peut être reliée à n'importe quelle autre en suivant une chaîne de connaissances ne contenant pas plus de cinq intermédiaires. Quarante ans plus tard, deux psychologues, Stanley Milgram et

Jeffrey Travers, tentent de valider cette hypothèse. Ils demandent à 296 volontaires du Nebraska de faire parvenir une carte postale à une personne de Boston par l'intermédiaire de six personnes en relation directe. Ainsi, un ami représentait un degré, l'ami d'un ami deux degrés, etc. Publiée en 1967, l'étude de Milgram montre que la carte a franchi environ 6,2 degrés de séparation, d'où les six degrés. J'active tout mon réseau pour passer de la poignée de main du sixième homme à celle du premier. Je ne souhaite pas arriver en lui disant : « Salut, mec ! Maintenant, bosse pour moi ! » Je souhaite être force de proposition. J'utilise donc la stratégie des petits pas. Certaines personnes veulent rencontrer leur mentor mais elles envoient un simple e-mail comme : « Devenez mon mentor ! » Qu'ont-ils vraiment à proposer ? Rien. Si vous voulez quelque chose, vous devez proposer quelque chose qui ait de la valeur en échange. Sachant que Max milite pour le respect des valeurs dans les ONG – un point commun avec moi –, j'active tous mes contacts pour qu'on lui dise ceci : « Il y a un mec, le meilleur de sa promo, qui a écrit un mémoire intitulé "Pornographie humanitaire". Tu dois le lire, c'est une bombe au napalm lâchée sur le monde de l'humanitaire. »

Et ce moment finit par arriver. Le dernier des six intermédiaires rapporte à Max que je lui propose de lire mon mémoire afin de me donner son analyse, son avis et son ressenti.

— Lis-le, lui dit-il, il a mis son manifeste sur le Web, j'en ai eu les larmes aux yeux quand je l'ai lu, putain, il est bon, le mec, on dirait toi quand t'avais 20 ans.

Son mémoire est tellement fou qu'il aura sûrement un zéro. Le zéro du héros, celui qui vaut tous les vingt sur vingt du monde. C'est ce qu'on appelle la « règle du zéro du héros ». Pourquoi ? Le zéro prouve que celui qui me corrige ne peut pas me contredire, tout simplement car il n'y a aucune argumentation possible. Le zéro est un langage non verbal qui indique que tu peux être le meilleur, avoir les arguments les plus incroyables, peu importe, on ne te donnera jamais le tampon de validation de ton diplôme. Une grande école ne peut pas tamponner « Validé » car ce serait cautionner ton propos. Une grande école ne soutient que ceux qui suivent les règles. Et si tu ne les suis pas, il va te falloir le « courage des différents ».

Quand ce gars lui a annoncé ça, Max a pris sa tasse de café, s'est mis devant son vieux PC, c'était le début de notre rencontre. Max a lu mon manifeste extrait de mon mémoire, celui dans lequel j'ai mis tout mon cœur, toute mon âme.

Ma chère petite ONG,

Te donner vie n'est ni un souhait, ni une volonté, c'est une nécessité face à l'injustice qui règne dans ce monde et qui m'oblige moralement devant toutes les formes de création animale, végétale et minérale, mais aussi et surtout devant les hommes, à œuvrer. En réalité, j'œuvre pour que tu disparaisses.

C'est une utopie certes, mais une utopie salutaire qui me permet de ne pas perdre mon âme dans les méandres du marketing social et humanitaire. La vie humaine n'est pas un produit commercial que l'on soumet aux lois du marché. Non, la vie humaine a été rendue sacrée. Sous toutes ses formes, elle est aussi précieuse que le nouveau-né l'est pour sa mère. Dans cette logique, ma chère petite fille, je t'interdis de mettre en scène la misère, de transformer la souffrance en spectacle et de jeter en pâture aux foules la dignité de nos frères et sœurs en humanité pour collecter des fonds qui ne seront probablement pas dépensés pour les aider.

Ma chère ONG, ma petite fille, la dignité, c'est ce qu'il leur reste quand tout leur a été confisqué. La préserver est plus qu'un devoir, c'est un serment que tu as formulé à ta naissance. La vie est jalonnée d'épreuves, nous en vivons tous, et chacun d'entre nous ressent le besoin de pudeur et d'intimité quand il souffre. Personne n'aime être dévoilé dans une situation d'extrême fragilité.

Eh bien, cette règle est valable pour toute l'humanité. Montrer des Palestiniens qui pleurent, c'est être dans la trahison de ce qu'ils sont ; se mettre en scène avec un enfant somalien en stade avancé de malnutrition, c'est transformer la misère en spectacle. C'est fouler aux pieds toutes les règles déontologiques pour lesquelles je t'ai mise au monde, pour lesquelles je t'ai donné tout mon temps, ma jeunesse et mon amour sincère et désintéressé.

Ma chère ONG, ma petite fille, je t'interdis ces méthodes que nous considérons comme irrespectueuses et non conformes à notre éthique humaine car elles sont tout simplement inhumaines. Il est important d'informer les gens d'ici sur ce qu'il se passe, mais cette information doit respecter des règles, même si ces règles nous font collecter moins d'argent car nous sommes dans une société de l'image qui aime le voyeurisme et qui a habitué la masse à consommer la misère comme on consomme un film ou une série télévisée.

Ma chère ONG, ma petite fille, c'est par respect envers nos frères et sœurs en humanité ici, et par amour envers nos frères et sœurs en humanité là-bas, que je t'ai fixé cette limite. Les personnes qui donnent ici ne sont pas des portefeuilles à conquérir, des euros à encaisser. Non, les donateurs ont des aspirations d'entraide et de fraternité animées par des valeurs profondes. Ces aspirations cherchent le moyen de se concrétiser en actions de solidarité pour ceux qui vivent là-bas. Ceux qui vivent là-bas ont des besoins de toutes sortes, exprimés ou pas, réels et urgents. Ma chère ONG, ma petite fille, toi tu es une créatrice de liens entre les aspirations de ceux et de celles qui vivent ici et les besoins de ceux et celles qui souffrent là-bas. Une alchimie humaine où les aspirations vont à la rencontre des besoins, dans le respect de tous, avec pudeur, modestie et, surtout, dignité.

Ma chère ONG, ma petite fille, la transparence que tu leur dois commence déjà dans ta façon de communiquer et de solliciter leur soutien. Puisses-tu être une cause d'union des cœurs, puisses-tu soulager nos frères et sœurs en humanité qui souffrent partout dans le monde. Puisses-tu faire la fierté de ton papa qui t'aime.

Steve

RÈGLE KARMA N° 47

La dignité, c'est ce qu'il reste aux gens quand tout leur a été confisqué.

Après avoir lu mon mémoire, Max m'a appelé :

— Je serai à Paris pendant une semaine. J'ai un seul créneau : mardi, 19 h 30. Pas d'autre option. Je te donne rendez-vous au restaurant Le Cinq. Débrouille-toi pour y être.

C'est le jour J. Il est 19 heures et je marche pour me rendre au restaurant où nous avons rendez-vous. Il pleut des cordes, je n'ai pas le temps de m'arrêter. Je passe par des ruelles sombres où l'odeur des châtaignes grillées de quelques vendeurs à la sauvette chatouille mes narines. J'arrive à 19 h15. Déjà présent, il finit sa bavette tout en téléphonant. Le crâne dégarni, un costume nickel mais pas tape-à-l'œil, une barbe de trois jours, il a plutôt l'apparence d'un brave homme un peu réservé et serein. Ses yeux vifs annoncent déjà son intelligence. Il faut que je sois efficace et que je capte rapidement son attention. Quand il me voit, il raccroche et met son téléphone en mode avion.

— Bonjour, Steve, prends place. Bravo pour ton mémoire, tu m'as ému.

Sa voix est posée et déterminée. Je reste devant lui à attendre qu'il finisse son café. Il gratte sa barbe grisonnante.

— C'est de la dynamite, ton truc ! ajoute-t-il. La question qui se pose maintenant, c'est : qu'est-ce que tu vas en faire ?

— Le bateau est en sécurité dans le port, mais ce n'est pas pour cela que les bateaux ont été construits.

— Tu sembles courageux, mais ce n'est pas suffisant : il te faut te préparer. Si tu gagnes la guerre dans les plans, le champ de bataille devient une formalité. Là, tu n'as pas les plans de l'Étoile noire, plutôt ceux d'une étagère Ikea. Tu as besoin de sources, de noms et de livres pour enrichir ton mémoire. Tu connais Jean Ziegler ? Lis tout ce qu'il a pu écrire. Commence par *L'Empire de la honte*.

Je suis les conseils de lecture de Max. Je dévore les livres de Ziegler, sociologue et homme politique suisse, rapporteur spécial auprès de l'ONU sur la question du droit à l'alimentation dans le monde : *L'Empire de la honte*, *Destruction massive*, *Géopolitique de la faim*, *La faim dans le monde expliquée à mon fils*... Max et moi nous retrouvons régulièrement pour échanger nos points de vue. Peu à peu, une relation de confiance, de partage et de transmission se met en place. Un jour, je sens qu'il est temps pour moi de lui faire ma proposition, celle qui me tient à cœur. Si Max apporte son savoir-faire, sa touche personnelle à l'ONG, ça peut tout changer. Je lui propose de travailler avec nous.

— Je voudrais que vous m'aidiez à transformer mon ONG, lui dis-je. Aujourd'hui notre ONG est une grande dans la cour des petits, mais j'ai besoin de vos conseils pour la faire devenir une petite ONG dans la cour des grands…

Max se tait pendant une minute qui me semble interminable, puis sourit.

— Tu sais quoi ? Je viens de démissionner de mon ancienne ONG, qui n'est plus alignée avec mes valeurs, avoue-t-il alors. Ton projet m'excite réellement, tu ressembles à un mélange du Steve Jobs des débuts enfermé dans son petit garage et de William Harley et Arthur Davidson créant leur première moto dans leur cuisine. Là, ça me démange de participer à un nouveau projet *from scratch*[1]. Pour moi, c'est le meilleur moyen de se sentir vivant. C'est l'appel de l'aventure. Donc si c'est OK pour toi, je peux vous accompagner sur un an. Avant qu'on parle de mon salaire, j'ai une question.

— Oui ?

— Tu as combien sur ton compte en banque ?

— Depuis nos débuts en 2009, on n'a pratiquement jamais utilisé un euro. On se débrouille pour que tout soit gratuit : la communication, la publicité… On prend 10 % pour les frais de gestion mais on ne les utilise pas. Techniquement, on a 60 000 euros en caisse.

1. En partant de zéro.

— La condition pour que j'accepte de vous accompagner, c'est que tu sois d'accord pour que ma première action soit de tout dépenser. Dans un mois, tu n'auras plus rien.

— Comment ça, tout ? C'est quoi, le projet ? je demande, un peu inquiet.

— C'est simple, je vais tout dépenser en un mois.

— Ça pique. J'ai mis plusieurs années à avoir ça.

Je commence à transpirer, je vois déjà cette somme partir en fumée, je panique. Max rigole.

— Réfléchis et réponds-moi. Tu penses que les personnes qui t'ont donné 2 ou 5 euros l'ont fait pour que tu les gardes sur ton compte en banque ou pour que tu t'occupes des pauvres ? Le problème de ton *business model* est « énergétique ». En gardant cet argent qui ne t'est pas destiné, tu envoies un message : « J'ai peur de manquer. » Nous créons ce à quoi nous accordons notre attention. Nous pouvons créer nos plus beaux rêves comme nos pires cauchemars. Si nous avons peur, nous focalisons notre attention sur cette peur. Tes actes et tes pensées sont concentrés sur cette peur de manquer, par exemple. Et si tu as peur de manquer, tu crées ce que tu crains.

RÈGLE KARMA N° 48

Tu crées ce que tu crains.

— Si, au contraire, poursuit Max, tu libères cette somme, tu libères 60 000 unités d'énergie et d'amour, et alors là tu envoies un tout autre message : « Je vous donne tout, j'ai complètement confiance ! » C'est la même chose pour les personnes qui sont sur la défensive et qui se parfument tous les jours avec l'odeur de la méfiance, de la peur et de la trahison. Elles envoient un message permanent à leur corps, qui dit : « Attention ! danger ! » Le corps fabrique ainsi des anticorps, car il est incapable de faire la différence entre le danger réel et le danger préfabriqué. Tu dois savoir que tout cela peut provoquer des maladies comme la sclérose en plaques ou le cancer. Ces personnes rentrent dans un mécanisme de survie sans le savoir. Le stress, bénéfique à petite dose, devient alors un puissant poison. Il est impossible d'accuser l'environnement de leur empoisonnement car le véritable bourreau, c'est leur croyance. *A contrario*, ceux qui sont trop empathiques, trop gentils, envoient un autre message à leur corps : « Tout va bien, tout le monde est gentil », et les voilà victimes de maux en tout genre : nausées, bronchites, toux. Le corps comprend que la voie est libre. Après tout, pourquoi se protéger vu qu'il n'y a aucun danger ? Adopter la position du juste milieu est fondamental. Un proverbe dit : « Bon n'a qu'un œil et mauvais n'a qu'un œil. » Si tu veux voir totalement, place-toi au centre, la loi du juste milieu, ni trop bon ni trop con. Prends de la hauteur sur ce qui va se passer et mets-toi dans un état de curiosité.

— J'accueille ta proposition. Juste une question : tu veux en faire quoi, de cet argent ?

— J'ai deux possibilités : distribuer cette somme aux pauvres, soit 60 000 repas ou une vingtaine de puits, ou l'investir dans une campagne de communication et de marketing d'ampleur. Si j'opte pour la première solution, à la fin, il ne te restera plus rien de tes 60 000 euros. Si je prends la deuxième, je les transforme en 250 000 euros, puis les 250 000 euros en 1 000 000 d'euros. Steve, je te répète que tu es président d'une ONG. Les gens te donnent de l'argent pour un investissement ici et maintenant. Ils ne peuvent pas emporter ce fric avec eux après leur mort, alors ils te le donnent pour l'utiliser à bon escient. Comme Âqen[1] emmenait les défunts dans le monde des morts, tu es un passeur…

Max se lève et me tend la main.

— Bien. Avant de partir, je vais te donner ma deuxième condition.

Que va-t-il m'annoncer cette fois-ci ?

— Parfois, je te demanderai ton avis, dit-il. D'autres fois, je te dirai : « *Follow the process*[2] », c'est tout. Il faudra alors que tu sois discipliné, un « disciple inné ». Quand je suis en face de toi, je souhaite pouvoir me dire : « Le disciple-il-naît… »

— Il y a trois sens pour ce même mot, je vois…

1. Âqen est un dieu égyptien. C'est lui qui conduit le bateau emmenant les défunts dans le monde des morts.
2. « Suis la procédure. »

— Tu connais le langage des oiseaux ? C'est une pratique ancienne très prisée des alchimistes qui fait dire aux mots bien plus qu'ils signifient, et ce par un jeu de sonorités ou par une interprétation lettre à lettre. Elle donne un sens caché qui amplifie le sens premier ou s'y oppose. C'est le poète Michel Butor qui disait : « Un mot est hanté par tous les mots qui lui ressemblent. » On retrouve cette pratique aujourd'hui dans les interprétations des maladies, dans leur symbolique. La maladie, le mal-a-dit. Prenons le mot « tumeur », on entend « tu meurs », bien que les étymologies de *mourir* et de *tumeur* ne soient pas les mêmes : « tumeur » vient du latin *tumere* – « enfler » – et « mourir » de *mori*. Je peux même te donner des exemples déclinables dans plusieurs langues. Le mot « nuit », par exemple, est construit de la même manière dans au moins vingt langues. Il est écrit en utilisant la lettre « N » à laquelle on ajoute la manière de dire le chiffre 8. En anglais N + *eight*, en espagnol N-*oche*, en portugais N-*oite*…

— Que signifie le 8 ?

— Le 8 rappelle les huit phases de la lune, l'astre de nuit. Tu vois, Steve, il n'y a pas de hasard. Les mots ont un sens caché. Je pourrais écrire un livre sur la subtilité de ce langage tant il est extraordinaire. Bon, je dois y aller. Concernant ton mémoire, j'y jette à nouveau un coup d'œil et te balance une dernière salve de conseils. Le brouillon est beau, à toi de parachever l'œuvre. Je te tiens rapidement au courant : on va sérieusement commencer à bosser.

Je suis satisfait, je sais que l'arrivée de Max dans l'équipe est une vraie valeur ajoutée. Nous sommes une petite équipe. Nous sommes efficients. Cette efficience est directement liée à l'intelligence collective, c'est la cordée.

Robert Dilts, auteur, formateur et consultant américain en programmation neurolinguistique, raconte qu'il y a environ dix ans, il a participé à une étude financée par une entreprise française de télécommunications. L'objectif était de comprendre un échec récent. Pour cela, cette boîte veut créer un produit pour un segment particulier du marché dans un contexte de fortes évolutions technologiques et de concurrence. Le projet est si important que mille personnes y ont été assignées. En face, un concurrent bien moins important en taille, avec une équipe de vingt personnes, a réussi à lancer rapidement un produit de meilleure qualité et moins cher. Comment expliquer qu'on fasse mieux avec vingt personnes qu'avec mille ? Réponse : l'intelligence collective. Le surnombre les a plombés. Chacun faisait son travail dans son coin avec peu d'échanges et de partages. Dans ce cadre, personne n'a pu grandir. Ils ont juste mis en pratique leurs connaissances, sans grande énergie ni imagination. Leur ensemble a formé une intelligence collectée (1 + 1 = 2) et non une intelligence collective (1 + 1 = 3).

Concentrons-nous maintenant sur la stratégie du chef de projet du groupe des vingt personnes. À partir des critères attendus par le marché, il a simplement donné une direction : une vision collective, de l'enthousiasme, beaucoup d'échanges et peu d'instructions précises. Ils ont créé un tout plus grand que la somme des parties, et c'est là le premier principe de l'intelligence collective : ensemble, nous pouvons créer bien plus que nous ne pourrions le faire de façon individuelle. Trois facteurs créent cette intelligence collective :

- Un **état d'esprit :** en arrêtant de se focaliser sur la réalisation de nos objectifs mais plutôt sur la confiance, le partage et la communication permanente et transparente ;

- Des **actions :** si l'esprit est préparé de la bonne manière, les actions seront en parfaite adéquation avec les pensées et l'on devra tous les jours échanger et communiquer différemment ;

- Des **résultats :** l'état d'esprit et les actions produisent des résultats qui donneront le verdict sur notre intelligence collective.

Le vendredi suivant, à 9 heures, Max m'envoie un SMS : *Salut Steve. On va commencer le boulot dès lundi.* Le lundi suivant, je le retrouve dans un petit local de Saint-Denis transformé en véritable *war room*, un lieu central de confinement où se prennent des décisions importantes concernant des situations de crise. C'est parti pour trente jours de travaux intensifs dans la *war room*. Vous vous souvenez de Sun Tzu, qui affirmait : « Tout le succès d'une opération réside dans sa préparation » ? Max et moi activons notre réseau pour recruter de nouvelles personnes : webmaster, graphiste, et un chef de projet qui ira sur le terrain élaborer un plan d'action précis. Un mois après, on lance la collecte de fonds.

Max avait raison : il a utilisé 60 000 euros pour en récolter 300 000 en une semaine à peine. Un exploit quand on sait qu'avant sa venue il nous fallait un an pour collecter cette somme. On se développe et on se lance dans la dynamique de mille puits par an, soit 5 millions d'euros annuels. Parfois, il faut des années à ta tête pour comprendre ce que ton cœur savait déjà.

RÈGLE KARMA N° 49

Parfois, il faut des années à ta tête pour comprendre ce que ton cœur sait déjà.

CHAPITRE 11

TONY B.

Championnats du monde de lecture rapide et de *mind mapping*. Hong Kong, 2018.

En parallèle de l'évolution fulgurante de l'ONG, j'ai continué à former et à constituer une équipe de choc en lecture rapide et en *mind mapping*. Avec mon équipe, en 2018, nous arrivons à Hong Kong trois jours en avance, histoire de bien kiffer notre voyage. On s'est entraînés pendant toute l'année, les révisions de dernière minute ne servent à rien. Place à la sérotonine, à l'adrénaline et à la dopamine, les neurotransmetteurs indispensables à notre bon fonctionnement ! On se promène, on mange des insectes, on rencontre des concurrents venus des quatre coins du monde. Mon équipe, la Ligue des Mutants, est composée de cancres, de racailles, de gens qu'on avait relégués au fond de la classe. À leur tête, un type qui est passé du fond de la classe à l'École des mines, de l'armée au rap et du slam au développement des capacités humaines. Il y a un an, j'étais un inconnu à qui

Tony Buzan[1] ne voulait même pas serrer la main. Lorsqu'il arrive aux championnats, c'est la star mondiale, entourée de gardes du corps. Pour lui, je ne suis personne. Aujourd'hui, j'ai créé l'équipe de France et j'en suis l'entraîneur. Lors de la cérémonie de la fin des championnats, je suis assis sur mon fauteuil de juge et je regarde mes élèves grimper les marches du podium. Mon équipe rafle sept médailles sur neuf, du jamais vu. Or et argent en lecture rapide, or, argent et bronze en *mind mapping*, dans plusieurs catégories. Je suis fier de ma Ligue des Mutants, fier de l'énergie qu'ils ont investie en eux-mêmes et du chemin qu'ils ont parcouru pour arriver jusqu'ici. Au moment où ils montent sur la scène, l'émotion m'envahit, j'ai un flash-back : à 20 ans, assis face à mon père à Tunis quelques jours après l'avoir rencontré pour la première fois, je l'entends me dire : « Tu sais, Steve, si tu as grandi sans père, c'est peut-être parce que le karma a décidé que tu n'en avais pas besoin et que, plus tard, il te donnerait autre chose en compensation. » Dans ma tête, tous les mentors que j'ai croisés valsent sur ma route : Max, la prof de français, le commandant et tous les autres.

À quelques mètres de moi se tient Tony Buzan, celui que j'appelle « Tony B. », celui que j'ai rêvé de rencontrer et d'avoir pour mentor. Je le rejoins sur la scène avec mon équipe pour faire une photo de groupe. C'est l'effervescence, la salle est bruyante, j'entends à peine ce qu'il me dit. Alors que tout le monde est occupé à se montrer ses médailles, il se penche au-dessus de mon

1. Tony Buzan est un psychologue spécialiste de l'apprentissage, de la mémoire et du cerveau.

épaule et me glisse à l'oreille : « Tu es l'entraîneur qui a réussi, en un seul championnat, à rafler plus de prix que la France ne l'avait jamais fait en trente ans de compétitions. Bravo ! Le flambeau est passé. »

Debout sur cette scène, ce soir-là, j'étais loin de me douter que j'apprendrais la mort de Tony quelques semaines plus tard. Je ne m'imaginais pas non plus que mon équipe serait la dernière à gagner les championnats du monde de son vivant. Le meilleur moment pour réaliser ses rêves, c'est maintenant, tant qu'il en est encore temps. C'est une règle de vie que j'essaie de transmettre quotidiennement à mes élèves. Elle prend encore plus de sens après cet événement tragique. Je me souviens encore de mon échange avec lui, de cette phrase qui résonne encore en moi : « Si on peut muscler son corps, on peut aussi muscler son cerveau ; les sports mentaux comme la lecture rapide sont le futur, et toi et moi en sommes les ambassadeurs. » Plus qu'un simple héritage, ces propos représentent un réel dépôt qui, tel un flambeau, m'incite à continuer à *upgrader*[1] l'humanité.

La veille de la compétition, mon équipe et moi nous sommes retrouvés pour dîner dans un restaurant près de notre hôtel. Dans une ville assaillie par les lumières et le bruit, le modeste restaurant où l'on s'est posés ressemble à une échoppe d'un autre temps : on y distingue à peine le contenu de nos assiettes. Le serveur nous a installés au fond de la salle et c'est au moment de trinquer que j'ai choisi de faire mon speech : « Mes

1. Mettre à niveau.

amis, j'ai un message important à vous transmettre ce soir, un message et dix conseils qui peuvent vous aider, je l'espère, à booster votre excellence. Pour commencer, je vais vous raconter l'histoire d'un p'tit bonhomme, et ce p'tit bonhomme, c'était moi. Marc Aurèle disait : "Si tu es bloqué sur le chemin, alors tu es sur le bon chemin." Longtemps je suis resté bloqué sur le chemin de ma mission de vie, et j'en ai souffert, tout comme certains en souffrent actuellement. Voici les conseils que je donnerais au Steve qui souffrait d'être bloqué si je pouvais remonter le temps :

« Le conseil n° 1 pour devenir qui vous voulez être, c'est d'arrêter de brasser de l'air et de parler sans poser d'acte. Agissez, ressaisissez-vous et choisissez de poser un acte fort pour enfin quitter votre "traversée du désert".

« Oui, je sais, essayer une chose nouvelle pour changer, c'est aussi prendre un risque. Alors, relevez la tête et imprimez maintenant dans votre esprit le conseil n° 2 : si vous faites ce que vous avez toujours fait, vous n'obtiendrez rien d'autre que ce que vous avez toujours obtenu. Rien de plus. Ton passé, c'est ton futur, ou pas ! À toi de voir.

« Le conseil n° 3 nous vient du philosophe Sénèque : "Ce n'est pas parce que les choses sont difficiles que vous n'osez pas, c'est parce que vous n'osez pas qu'elles sont difficiles." Il a raison, statistiquement la peur a tué plus de rêves que l'échec ne le fera jamais, tout simplement parce que beaucoup n'essaieront même pas. Donc, au lieu de réaliser des rêves et de mourir avec des souvenirs, ils vont mourir avec des regrets.

« Le conseil n° 4 part du principe suivant : “Soit vous gagnez, soit vous apprenez.” On peut donc en déduire que “plus vous perdez, plus vous apprenez” et qu’*a fortiori* “si vous gagnez vous avez une médaille et si vous perdez vous avez un trésor”. Donc mes amis, vous ne pouvez pas perdre. Vous ne pouvez que gagner ou apprendre.

« Vous voyez, j’aurais pu croire Thérèse, ma conseillère d’orientation qui me voyait bien devenir jardinier alors que je voulais faire tout autre chose. J’ai préféré m’engager dans les commandos, puis pivoter, puis devenir chef de cuisine dans certains des meilleurs restaurants de Paris, puis pivoter. Je suis ensuite devenu le président d’une ONG qui a distribué plusieurs millions de repas en Afrique, aidé à bâtir plus de mille puits, et capitaine d’une équipe incroyable pour les championnats du monde. On peut donc dire qu’aujourd’hui j’en suis là, en partie parce que j’ai suivi le conseil n° 5 : il ne faut jamais croire quelqu’un qui affirme que vous n’êtes pas capable de faire quelque chose, de réaliser un rêve, que vous êtes complètement fou de venir en Chine pour passer un concours de lecture rapide, que vous n’arriverez jamais sur le podium car les Chinois sont invincibles. Ces croyances limitantes sont juste des croyances, ce n’est pas votre réalité, point. Thomas Jefferson disait : “Je me suis rendu compte que plus je travaille dur, plus j’ai de la chance.” Nos vies ne sont que le miroir de nos choix… C’est d’ailleurs ce que vous devez intégrer impérativement avec le conseil n° 6 : dans la vie vous pouvez baisser les bras si vous confondez difficile et impossible ou bien vous pouvez positiver et vous dire que toutes vos erreurs sont juste la preuve que vous, au moins, vous essayez.

« Mes amis, moi, je ne crois pas en la chance, non, je crois au conseil n° 7 : chance, hasard et coïncidence sont juste le nom que les ignorants donnent à leur ignorance, rien de plus. Vous voulez savoir en quoi je crois, alors ? Je crois qu'il existe une science de la réussite, un karma-sutra composé de règles pour booster l'excellence de n'importe quel être humain.

« Conseil n° 8 : c'est en faisant des choses que vous n'avez jamais osé faire que vous obtiendrez ce que vous n'avez jamais réussi à obtenir avec vos anciennes méthodes bidon. Vous voulez trouver votre voie et développer votre potentiel ? Vous en avez marre de rêver votre vie plutôt que de vivre vos rêves ? Vous devez d'abord vous poser cette question : êtes-vous réellement prêt à partir à la conquête de vous-même comme d'autres l'ont fait avant vous ? Si c'est le cas, vous devez savoir que l'excellence n'est pas juste un idéal : c'est un processus qui s'apprend.

« Conseil n° 9 : l'excellence n'est pas la perfection, c'est la mise en place d'une méthode pour booster vos compétences de 1 % chaque jour. Soit 365 % par an… Mes amis, l'excellence, c'est une application à installer dans votre cerveau. Oui, vous pouvez vous dire que cette application n'est pas donnée. Vous savez quoi ? Si vous pensez que ce processus pour devenir excellent coûte trop cher, essayez l'ignorance : elle vous coûtera bien plus que de l'argent. Ne pas savoir communiquer peut vous coûter la souffrance d'un divorce, ne pas avoir de méthode pour réussir vos études peut vous faire louper vos examens, ne pas avoir de méthode pour découvrir votre légende personnelle peut vous faire passer à côté de votre mission de vie. Je sais, je ne suis pas ce que l'on attend de moi, un gentil coach, en costume cravate qui sourit à tout le monde, je suis moi. Si vous n'aimez pas, n'écoutez pas et puis c'est tout.

« Vous êtes trop timide, vous avez peur de ne pas réussir, vous abandonnez tout le temps, vous avez l'impression de stagner, vous êtes mal organisé, vous ne savez pas par où commencer, vous fumez, vous mangez trop, vous procrastinez, vous êtes perfectionniste ?

« Le conseil n° 10 est fait pour vous : faire plus de choses qui ne fonctionnent pas ne produit qu'une seule chose, plus de dysfonctionnements. Alors, continuez si ça vous amuse, ou bien…

« Ou bien, j'ai une alternative à vous proposer, mais elle est aussi radicale que de conseiller à quelqu'un qui a peur du vide de faire un saut en parachute. Mes amis, le meilleur moment pour investir en vous, c'était il y a dix ou vingt ans. La deuxième occasion, c'est maintenant, alors oubliez toutes vos croyances limitantes et vos peurs, et ne craignez qu'une seule chose : vous retrouver exactement au même niveau dans un an, deux ans, cinq ans, sans avoir évolué. Stop ! Les perdants cherchent des excuses, et demain les gagnants trouveront des moyens. Plier le *game* est votre mission, vous sur un podium avec des médailles, telle est la vision… »

CHAPITRE 12

LA RÈGLE D'OR

25 décembre 2019 – 23 h 30

Je suis assis seul face à la mer. En fin de compte, la méthode que j'ai inventée est la seule qui a transformé trois inconnus en médaillés d'or aux championnats du monde de lecture rapide, et ce durant trois années d'affilée. Une fois, c'est peut-être de la chance, disait le commandant, deux fois, c'est peu probable, trois fois, c'est que tu as une stratégie. Nous venons de gagner une nouvelle fois. Si Thérèse me voyait, si ma prof de français me voyait, si… mon père me voyait. Je n'ai plus besoin qu'on me voie, plus besoin de miroir : j'arrive « âme voir »…

Seul face à cette grande étendue, je lâche la main de ma petite fille : « Va, cours, vis, tu es grande, tu es belle, j'ai confiance en toi. Si tu as besoin de moi, je serai toujours là pour toi. » Après dix années passées à la tête de mon ONG, je passe le flambeau à Max. Prends bien soin d'elle… J'enlève également la couronne de capitaine de l'équipe de France de lecture rapide et la transmets à la nouvelle génération. « Pourquoi ? » me demande mon ego. Je lui pose gentiment la main sur l'épaule et lui dis avec bienveillance : « Ce monde vivra en paix le jour où le pouvoir de l'amour sera plus fort que l'amour du pouvoir. »

La transmission est un acte de charité. Transmettre une entreprise ou une œuvre, c'est laisser à d'autres que soi la chance de les réussir. Les livres qu'on ne lit pas sont faits pour donner à d'autres le plaisir d'acquérir le savoir. Pourquoi essayer de tout avoir, de tout faire et de tout savoir ? L'essence de la transmission, c'est le don. Pour produire et créer, il faut concentrer ses efforts. Se concentrer, c'est renoncer à tout, à une exception près. Alors concentrons-nous sur cette chose : celle que les autres nous ont laissée. Ce que personne d'autre ne veut faire, faisons-le. Et transmettons tout le reste.

Chère lectrice, cher lecteur,
à ton tour de traverser tes lacs à la nage,
d'apprivoiser tes peurs, de sublimer tes blessures
avec des fils d'or et de renoncer à tout,
à une exception près : ta mission de vie…
À toi d'écrire ton livre.
Je te laisse donc naturellement rédiger
la dernière règle de mon livre, celle qui sera
la première règle du tien.

RÈGLE KARMA N° 50

....

....

....

JE DÉDIE CE LIVRE À :

Boris Cyrulnik, Sun Tzu, Pierre Bourdieu, Jean Baudrillard, Stephen Karpman, Eric Berne, Rosenthal et Jacobson, les cobayes d'Oak School, William Isaac Thomas, Martin Seligman et Michel Lejoyeux, Philippe Robichon, Milton Erickson, Frigyes Karinthy, Edward Lorenz, tous les Black Dragons Juniors que j'ai côtoyés (Mambo [repose en paix]), Kevin, petit dieu, etc.), Bob Marley, Az, Tommy Caldwell et Kevin Jorgeson, Robert Dilts, Public Enemy, EPMD, Afrika Bambaataa, René Magritte, l'œil magique, Jean Ziegler, Lords of the Underground, Nas, Jay-Z, Cheikh Anta Diop, Masutatsu Ōyama, Néo, Saul Williams, tous ceux que je n'ai pas cités et qui, pourtant, ont fait de moi qui je suis.

Ce livre est aussi dédié à la mémoire d'Ibrahim Keita et à sa maman.

Merci de m'avoir si bien accueilli chez vous que je m'y sentais chez moi…

SECTION
APPRENTIS SAGES

Afin que les apprentissages de ce livre puissent passer du niveau cérébral au niveau cellulaire, il faut les intégrer et donc les vivre. Pour cela, je te propose de barrer ou de surligner chaque règle karma dès que tu l'auras mise en application au moins une fois dans ta vie :

RÈGLE KARMA N° 1

Ce que tu ne fais pas a autant d'impact
sur ton futur que ce que tu fais.

•

RÈGLE KARMA N° 2

La chose la plus importante,
c'est de garder la chose la plus importante
comme la chose la plus importante.

RÈGLE KARMA N° 3

Tant que tu n'es pas en amour
avec toi-même, tu es une fréquentation
dangereuse pour les autres.

•

RÈGLE KARMA N° 4

Ceux qui donnent doivent apprendre à poser
des limites car parfois ceux qui prennent
n'ont aucune limite.

•

RÈGLE KARMA N° 5

Ne te rendors pas !

•

RÈGLE KARMA N° 6

Tu es un joyau qui n'a pas encore été taillé.

•

RÈGLE KARMA N° 7

Un obstacle n'est qu'une simple montagne
qu'il faut franchir, rien de plus.

RÈGLE KARMA N° 8

Tu ne franchis pas une épreuve,
tu te franchis toi.

•

RÈGLE KARMA N° 9

Tu n'es pas ce qui t'est arrivé,
tu es ce que tu choisis de devenir.

•

RÈGLE KARMA N° 10

Quand on attend que l'autre change, on est dépendant.
Je renonce à le faire changer.
Je m'organise autrement.

•

RÈGLE KARMA N° 11

Si tu es irrité par chaque frottement,
comment veux-tu être poli ?

•

RÈGLE KARMA N° 12

Fais en sorte que le monde soit meilleur après toi.

RÈGLE KARMA N° 13

Quand tu tournes en rond, brise le cercle.

•

RÈGLE KARMA N° 14

Tout ce qui nous appartient vient à nous si nous créons la capacité à le recevoir.

•

RÈGLE KARMA N° 15

L'excellence n'est pas un don,
c'est un processus qui s'apprend.

•

RÈGLE KARMA N° 16

La qualité, c'est de la quantité assimilée.

•

RÈGLE KARMA N° 17

La façon dont nous faisons les petites choses détermine la façon dont nous faisons toutes les choses.

RÈGLE KARMA N° 18

Tu fais tes choix, puis tes choix te font.

•

RÈGLE KARMA N° 19

Lorsque nous ne sommes plus en mesure de changer une situation, nous sommes mis au défi de nous changer.

•

RÈGLE KARMA N° 20

Rien ne se perd, rien ne se crée, tout se transforme.

•

RÈGLE KARMA N° 21

Ta tâche n'est pas de chercher de l'amour,mais simplement de chercher, de trouver tous les obstacles que tu as construits contre l'amour.

•

RÈGLE KARMA N° 22

La guerre se gagne dans les plans et le seul plan B possible, c'est de s'en tenir au plan A.

RÈGLE KARMA N° 23

La guerre se gagne dans les plans,
pas sur le champ de bataille.

•

RÈGLE KARMA N° 24

Une patience infinie produit des résultats immédiats.

•

RÈGLE KARMA N° 25

Priver le monde de sa lumière
est un crime contre l'humanité.

•

RÈGLE KARMA N° 26

« Tu es unique au monde et ton expression
t'appartient. Si tu lui bloques la voie,
elle n'existera jamais à travers qui que ce soit
d'autre ; elle sera perdue. Le monde vivra sans elle.
Il ne t'appartient pas de juger de sa qualité,
ni de la comparer à d'autres expressions.
Ton devoir est de lui laisser la voie libre. »

RÈGLE KARMA N° 27

Les espèces qui survivent ne sont pas les espèces les plus fortes, ni les plus intelligentes, mais celles qui s'adaptent le mieux aux changements.

•

RÈGLE KARMA N° 28

Traite les gens comme s'ils étaient ce qu'ils devraient être et tu les aideras à devenir ce qu'ils devraient être.

•

RÈGLE KARMA N° 29

La direction est plus importante que la vitesse.

•

RÈGLE KARMA N° 30

Le karma n'est pas une pute, c'est un miroir.

•

RÈGLE KARMA N° 31

Chaque acte est un bulletin de vote pour devenir la meilleure ou la pire version de soi-même.

RÈGLE KARMA N° 32

Faire plus de choses qui ne fonctionnent pas ne produit qu'une chose : plus de dysfonctionnements.

•

RÈGLE KARMA N° 33

« *Easy choices, hard life.*
Hard choices, easy life. »

•

RÈGLE KARMA N° 34

Il y a trois versions pour chaque histoire,
il y a trois chutes pour chaque drame,
il y a trois règles pour chaque jeu.

•

RÈGLE KARMA N° 35

On ne peut fabriquer l'antidote
qu'à partir du poison.

RÈGLE KARMA N° 36

Nos peurs sont comme des enfants. On n'essaie pas de convaincre un enfant, on n'essaie pas non plus de déclencher chez lui des prises de conscience, on lui fait réaliser des expériences.

•

RÈGLE KARMA N° 37

Toute maladie de l'âme que tu ne guéris pas, tu la transmets à tes enfants.

•

RÈGLE KARMA N° 38

Si tu as une peur, fais-en un objectif.

•

RÈGLE KARMA N° 39

Pense que tu détiens la solution, tu habitueras ton cerveau à la trouver.

•

RÈGLE KARMA N° 40

On ne peut pas à la fois obéir au monde et vouloir le transformer.

RÈGLE KARMA N° 41

L'herbe n'est pas plus verte ailleurs,
elle est plus verte là où tu l'arroses.

•

RÈGLE KARMA N° 42

Ce qui ne marche pas n'est qu'une étape,
un brouillon de la réussite.

•

RÈGLE KARMA N° 43

Si tu essaies, tu as une chance de gagner.
Si tu n'essaies pas, tu as déjà perdu.

•

RÈGLE KARMA N° 44

Quand l'élève est prêt, le maître apparaît.

•

RÈGLE KARMA N° 45

Avant tous les autres serments de non-violence,
prête serment de non-violence envers toi-même.

RÈGLE KARMA N° 46

Tes croyances engendrent tes pensées, tes pensées engendrent tes paroles, tes paroles engendrent tes gestes, tes gestes engendrent tes valeurs et tes valeurs engendrent ton karma.

•

RÈGLE KARMA N° 47

La dignité, c'est ce qu'il reste aux gens quand tout leur a été confisqué.

•

RÈGLE KARMA N° 48

Tu crées ce que tu crains.

•

RÈGLE KARMA N° 49

Parfois, il faut des années à ta tête pour comprendre ce que ton cœur sait déjà.

BIBLIOGRAPHIE SÉLECTIVE

Mes lectures :

Rûmî, *Odes mystiques*, Klincksieck, 1973.

Masutatsu Ōyama, *La Voie Kyokushin*, Guy Trédaniel, 1990.

Sun Tzu, *L'Art de la guerre*, Champs classiques, 2008.

Revues *Strange*, Lug, 1970-1998.

Revues *Titan*, Lug, 1976-1998.

Eric Berne, *Des jeux et des hommes*, Stock, 1984.

Ernest Larson, *The Usual Suspects*, Bel modern classics, 2008.

Collectif, *Le Guide du routard, Tunisie*, Hachette, 1998.

Christie Vanbremeersch, *Trouver son ikigaï*, Éditions First, 2018.

Rudyard Kipling, *Tu seras un homme mon fils*, suivi de *Lettres à mon fils* (français), Livre de poche, 1998.

Jean de La Fontaine, *Fables*, Auzou, 2011.

Trois initiés, *Le Kybalion. Études sur la philosophie hermétique de l'ancienne Égypte et de l'ancienne Grèce*, éditions H. Durville, 1917.

Jean Ziegler, *L'Empire de la honte*, Fayard, 2005.

Christiane Singer, *Où cours-tu, ne sais-tu pas que le ciel est en toi ?*, Albin Michel, 2001.

Carl Jung, *L'Âme et la Vie*, LGF, Livre de poche, 1995.

Boris Cyrulnik, *Les Nourritures affectives*, Odile Jacob, 1993.

Je me suis documenté avec :

K. Anders Ericsson ; M.J. Prietula ; E. T. Cokely, « *The Making of An Expert* », *Harvard Business Revue*, 2007.

Plutarque, *Œuvres morales*, « Sur l'utilité que l'on peut retirer de ses ennemis ».

Milton H. Erickson et Ernest L. Rossi, *L'Intégrale des articles de Milton H. Erickson*, Tome 1 : *De la nature de l'hypnose et de la suggestion*, Satas, 2009.

Ce livre est librement inspiré de mes lectures et de mes expériences. Certaines références ne figurent pas dans cet ouvrage. Je me suis sans doute inspiré de certains livres, de certaines citations sans m'en rendre toujours compte. Je vous présente mes excuses si toutes les références ne sont pas présentes et vous invite à nous envoyer vos remarques si toutefois vous retrouvez certaines sources qui ne sont pas signalées.

REMERCIEMENTS

Bravo ! Soyez fier et félicitez-vous d'avoir pris la décision de lire ce livre pour devenir acteur et non plus spectateur de votre vie !

Votre destin vous appartient désormais et si ce livre vous a réellement aidé dans votre cheminement personnel…

… allons encore PLUS LOIN en vous offrant un bonus exceptionnel que vous pourrez découvrir sur :

www.bysteve.fr/livre

VOUS ÊTES LES GENS DU LIVRE

Attention, ce livre ne s'autodétruira pas après que vous l'aurez lu… Au contraire, il est un don qui a pour vocation d'être transmis.

Votre mission, si vous l'acceptez, sera de le transmettre à quelqu'un que vous aimez. De le déposer sur un banc dans un square, de l'offrir à un sans-abri, de le prêter à un ami malade, de le faire passer à un détenu, de l'envoyer à un expatrié… Bref, d'ouvrir ou de compléter une chaîne de transmission qui de moi à vous, de vous à l'autre, et de l'autre au monde, fera trait d'union.

Date	Nom du lecteur
•	....
•	....
•	....
•	....
•	....
•	....
•	....

La phocomposition de cet ouvrage
a été réalisée par
Graphic Hainaut
30, rue Pierre-Mthieu
59410 Anzin

Imprimé en France par

Maury Imprimeur
à Malesherbes (Loiret)
en mars 2023

POCKET - 92 avenue de France, 75013 PARIS

N° d'impression : 269275
S32429/02